财经媒体
写作指南

李　箐——著

中国友谊出版公司

图书在版编目（ＣＩＰ）数据

财经媒体写作指南 / 李箐著 . -- 北京 : 中国友谊
出版公司 , 2020.6
　ISBN 978-7-5057-4905-4

　Ⅰ . ①财… Ⅱ . ①李… Ⅲ . ①经济－应用文－写作－
指南 Ⅳ . ① F-62

　中国版本图书馆 CIP 数据核字 (2020) 第 081786 号

书名	**财经媒体写作指南**
作者	李　箐
出版	中国友谊出版公司
发行	中国友谊出版公司
经销	新华书店
印刷	北京天宇万达印刷有限公司
规格	889×1194 毫米　32 开
	9 印张　158 千字
版次	2020 年 6 月第 1 版
印次	2020 年 6 月第 1 次印刷
书号	ISBN 978-7-5057-4905-4
定价	38.00 元
地址	北京市朝阳区西坝河南里 17 号楼
邮编	100028
电话	（010）64678009

我们信仰新闻

细算，李箐和我共事已经 25 年。

她大学毕业即当记者，当记者即干财经新闻，20 年前加入财经杂志社，10 年前随我一起创办财新传媒。从记者干到名记者，而后又是编辑、副主编，一直在财经新闻领域工作且佳作不断。除了新闻专业的基础教育、金融专业的研究生学业，她还两次去美国"充电"，分别在加州大学伯克利分校媒体与新闻学院和北卡罗来纳大学教堂山分校新闻学院进修，其间和我都有交集——前一次是 2007 年，我在加州大学伯克利分校短期讲学；后一次是 2018 年，她在北卡罗来纳大学做一年访学，恰逢财新传媒在华盛顿有活动，我请她前来聚会兼采访。他乡逢故知，总是很倾心很畅快，不过，李箐做事低调，乐天知命，很少谈学习或采访的艰难，也不表雄心大志。及至 2018 年夏回国，说这次写了一本书，令我着实有点儿吃惊。

她在美国一年，要照顾同时在读中学和小学的一双儿女，要上课，又要研究写作，必是不易的，李箐那平素深藏不露的刻苦让我感叹。当然，我也深知其人，相信她的书必是一如既往地举重若轻、明白晓畅，立即应允作序，以求先睹为快。

数月后，拿到书稿，一口气读完。我觉得写得相当好。此书基于李菁24年的财经新闻实践，也基于她在美国一年的最新观察研习，能给财经专业新闻人全景式启发，也有助于研究者对美国商业新闻近20年的发展变迁有基础性了解。题书名《财经媒体写作指南》，有点睛之效。

32年前我第一次访美，有机会驾车遍访20多个州，行程数月，访数百人，每到一地都访问当地的报社，还分别在大中小三家报社实习，后来写过一本《美国报海见闻录》，2013年再版时改名为《访美记》。该书是用中国报人的眼光来看美国报业的第一本书。这使我对大洋彼岸的新闻业产生了很大的兴趣。过去二三十年间，我也因为工作关系参加各种国际会议，结识了许多欧美主流报刊的头面人物。

我当年观察和记录的是美国20世纪80年代中期处于鼎盛时期的报业帝国。这些年，新技术革命持续，互联网覆盖，社交媒体风行，对传统报业的冲击何止是天翻地覆！新闻业发生了什么实质性变化？过去百余年形成的客观公正准则、采编流程、专业运作方式和职业道德规范这些专业主义标准，是否及如何存在？新闻业向何处去？这些问题都令人极为关注。虽然我与国际同行有不少交流，但仍然需要获得更全面的回答。

另外，我当年只是从业四五年的《工人日报》记者，不懂经济学，也不擅长财经新闻。1992年以后，我才跨入商业报道之门，此后又从《财经》杂志到财新传媒，前后20年见证和记载了中国这些年的崛起，从国内和国外多重视角理解了经济发展的规律，更理解了新闻业扮演的角色，也渐窥财经新闻之堂奥。我知道美国同行是极为看重政治新闻的，但从安然事件、次贷危机之后，他们也对商业新闻进行反思和调整。这方面，我陆陆续续读过一些文章，也和同人有交流，终未有机会系统地研究和思考相关国际经验。

李菁这本书，恰恰从上述两个方面提供了答案，证实并提升了我的相关认知。

应当说，她这本书的前三分之二，可让财经新闻界的入门者、相关专业的学生收获多多，算得上记者业务指南。对于我这样的"资深新闻人"，也不无启迪。算起来，我虽然入行较早，但进入财经新闻领域的时间，比李菁只多了两三年。况且，她长年在证券金融领域，专业上更为精深。她的许多经验体会，没有机会与我敞开来交流过，比如说如何看财报、辨识分析师、在数据中找新闻、丰富信源等，特别是这回在美国系统听课、研习，其系统性和理论性又大有提升。

当然，更让我感到有意义的是，她通过这些介绍所表达的价值观，正是新闻专业主义的基本理念。李箐在北卡罗来纳大学一年的学习和交流，是在 2017 到 2018 年间，从她的记叙中可以看到，虽然经历了过去 20 年的颠覆性冲击，美国新闻界的专业主义价值取向没有也不可能被颠覆。环境与平台都在变，新闻表达的手法也不断丰富，人们在艰难地寻求新的商业模式以支持新闻常青，但价值认知是不变的。李箐的书用了非常大的篇幅，讲为什么和怎么来当财经记者，讲得很细很全，既包括许多传统的基础的职业规范、原则和技巧，也包括版权保护、数据使用和社交媒体角色定位、信源使用。书中还专门讲到美国商业新闻界在近年来历次市场泡沫中对自身角色的反思和调整，讲得相当切近翔实。书中的这些内容，其实就是财经新闻的入门知识，是专业人经年实践的结晶。这说明，新闻是不会死的，而记者是职业也是专业。按国际同行们的说法，我们信仰新闻。

与欧美同行相比，中国的新闻人历来更不易。你想当个好记者，这些 ABC 就是你的起点；不想当，可以离开这个行业。如果以为这些基于价值共识的行规就真的变了，或者想改变价值、改变行规，那就大错特错了。

读到最后几章，李箐这本书分量愈重。该书八、九、十这三章，分别讲述了美国财经媒体发展中的教训警示，以及这些年面对新媒体冲击波的行业共识，均值得一读再读。其中有些内容，是专涉传播学理论的，我特别在此一提：

一是关于新闻的议程设置理论。这是大众传播学领域最重要的理论之一，即大众传媒主要通过提供信息和议题来决定受众关注的焦点，亦即设置公众议程。北卡罗来纳大学的唐纳德·肖（Donald Shaw）教授是这一理论的奠基人之一。不过，肖教授和他的同行马克斯韦尔·麦库姆斯（Maxwell McCombs）提出这一理论是在 1972 年。如今在互联网狂飙席卷之下，媒体已经山河巨变，社交媒体乐于强调自己是"技术公司"，但其媒体属性越来越不容置疑。

面对新形态的舆论场，当年风靡一时的议程设置理论过气了吗？李箐在北卡罗来纳大学专门与肖教授面对面讨论了这一话题。

肖教授继续坚持自己的理论，其看法煞是有趣。他与麦库姆斯提出这一理论后，多年来仍在继续进行实证研究。近期，通过 1997 年、2008 年、2012 年三次对选举场景的研究，他观察到媒体议题与公众议题（issue）的相关度发生了变化，可以看出议程设置从传统媒体向社交媒体转移，但是，传统媒体在为社交媒体设置议程方面仍然有强大作用。

见李箐时，肖教授正在对 2016 年的美国大选开展研究，当然也一直关注特朗普总统的"推特治国"。他认为，社交媒体带来了信息多样化的局面，而在互动过程中，传统媒体在议程设置中的地位和作用是不可颠覆的。他用量化的方法表达了这种看法：前互联网时代，议程相关度为 +0.90，目前媒体设置议程的权力被不断分散，但力量仍然很强大，"我认为理想的传统媒体与普通大众之间的议题一致性系数，大概是在 +0.70 至 +0.75 之间"。

曾多次造访中国的肖教授觉得，中国的情况要复杂得多，不能简单套用美国的理论。信然。

二是关于"个人日报"（dailyme）。互联网按个人需求推送的新闻，倾向于迎合读者；社交媒体传播的新闻，很容易圈层化。其结果如何呢？李菁以她的体验为例，介绍了国际学者们用传播学"信息茧房"理论对互联网时代信息传播的剖析：如果人们完全能够在海量信息中随意选择自己关注的话题，根据自己的喜好定制"个人日报"，则会导致茧房形成，失去接触和了解不同事物的机会和能力。信息过载而且迎合性发布的结果，很可能是新闻的"不均衡性消费"，最终导致社会意见的撕裂和两极化。

互联网超越了地域文化的聚集影响，爆炸式释放信息，又让用户自行筛选信息，社会是不是更加民主呢？美国学者对此有怀疑，有担忧。特别是美国大选期间脸书（Facebook）用户信息被泄露事件发生后，防止信息操纵再度成为热议话题，误传信息和谣言令人倍加警觉。有学者指出，在网络时代看似更加民主和自由的表象下，其实潜藏着对民主的破坏。

更深入地论证这类问题，当然不是一本小书几个篇章可以容纳的。不过，李箐这本研习财经新闻的著述，能够走入政治学的范畴，触及这些新媒体时代传播学的重要理论问题，让读者有所知、有所思，让识者去讨论、去探究，我以为是很漂亮的"豹尾"了。

祝贺李箐。

胡舒立

我看好财经新闻的未来

很高兴为李箐的新书《财经新闻写作指南》撰写序言，财经新闻是新闻业最重要的领域，关于财经新闻的书籍出版得越多，越能够提高中国财经新闻的质量。

李箐在2017—2018学年旁听了我讲授的财经新闻课程，这门课程为那些立志成为财经新闻记者的学生开设。在过去的50年中，美国的新闻教育取得了许多进步，但财经新闻课程在美国仍然不普遍，北卡罗来纳大学教堂山分校的财经新闻课程是其中为数不多的项目之一，中国比美国有更多的财经新闻培训项目。从全球范围看，随着经济重要性的不断增加，需要更多懂行的财经新闻记者和编辑提供更优质的财经新闻。

我曾两次去中国讲课，所以我对中国财经记者和编辑们的处境相对了解，也完全理解中美财经记者间的异同。

在美国，财经新闻报道的环境比中国好一些，但也没有好很多。在美国，财经记者经常报道负面新闻，被报道的公司会对记者或媒体很愤怒。如果文章内容属实，这些公司除了给记者官方回复以外，无法干涉新闻的报道和发表。这类负面报道发表之前，专业的公关人员都会主动与财经记者一起工作，以确保最终发表的文章能够平衡、公平地展示企业的观点。

美国的财经记者似乎也有更多的机会获取各种公开文件。如果一家美国公司的股票或债券在交易所交易，那么该公司必须定期向美国证券交易委员会提交有关其财务表现和其他问题的文件，优秀的财经记者会经常阅读这些文件来寻找故事。

此外，还有数十家联邦和州监管机构也要求公司（包括进行公开市场交易的公司和未公开发行股份或债券的私人公司）提交有关它们的资金情况和其他各种符合监管要求的文件，这些分散于不同机构的公开文件是财经记者挖掘新闻的宝贵信息。

此外，目前有许多中国公司的股票在美国交易，或者在美国经营业务，这些企业同样需要提交这些文件。如果你是一名中国的财经记者，不要犹豫，从美国政府机构披露的这些文件中寻找新闻。

美国的财经记者一般有伦理道德约束，这是对他们从采访工作中获取除薪水外的经济利益进行限制的原则。

通常公认的做法是，财经记者不能购买或交易他们所报道的公司的股票及债券，违反此规定的财经记者通常会被解雇，甚至最终离开这个行业。而那些拥有公司股票的财经记者通常被禁止报道或撰写有关该公司以及该公司所在行业的报道。这样做虽然不能阻止财经记者进行投资，但它确保读者阅读的内容不受任何形式的投资偏见的影响。

此外，许多美国公司的公关人员都会通过向财经记者提供礼物来影响记者的报道，比较常见的是提供体育赛事或昂贵晚餐的门票，或者为记者及其供职的媒体机构支付他们不愿支付的费用，对这些礼物的披露会让大多数读者质疑报道的客观性。但在一些很罕见的情况下记者也会接受这类礼物，比如为了采访到公司高管，乘坐该公司的公务机旅行。

在美国，财经新闻的报道也有些情况与中国相似，许多企业高管根本不喜欢与记者交流，拒绝接受采访。公司高管也经常发出几乎不加掩饰的威胁，要把广告从那些批评他们的媒体撤下。大多数情况下，财经记者和媒体机构都不会理会这类威胁，而坚持客观报道新闻，这也是美国媒体的职业道德原则之一，大家都清楚，媒体发挥监督作用比与企业有良好关系更重要。

我举几个例子。从1994年到1999年，我大部分时间在报道可口可乐公司，当时我先是供职于亚特兰大宪法日报社，之后又供职于彭博社。《亚特兰大宪法日报》是可口可乐总部所在城市的日报，每天都有成千上万的公司员工阅读报纸，所以我必须时刻追踪公司的任何新闻。

1996年亚特兰大夏季奥运会开幕前不久，我在可口可乐奥运特别纪念产品包装上发现了一个令人尴尬的排印错误，我打电话给可口可乐的公关人员，希望得到回应。这个公关人员一直在劝说我不要进行报道，当我没有理会他之后，他的老板就开始给我的老板、财经新闻编辑、我老板的老板、报纸的执行主编和总编辑打电话，但我们没有理会他，继续报道这个事故，美联社之后进行了转载并传播到了全世界。

美国公司也会因为记者经常写批评稿而惩罚记者，因为公司认为记者没有公平地让公司发言，因此公司就拒绝这些记者接触高管或其他资源。我曾经向一位可口可乐公司公关人员讲述了可口可乐体育营销战略的演变，并希望能够进行采访写成一篇文章，在被告知这是一个好主意后不久，这位公关不再接我的电话。我很快发现，我的故事创意被采纳，但被交给《今日美国》的一名记者进行写作，得到的解释是，《今日美国》的影响超过《亚特兰大宪法日报》。这当然不是真的，这只是在惩罚我过去写了那么多批评可口可乐公司的文章。

尽管如此，我还是觉得财经新闻是令人兴奋的，我希望每学期都能和我的学生们分享这种兴奋，试图让他们相信，财经新闻是他们未来的职业。他们中的许多人走进我的教室前，认为财经报道枯燥无味，充满了数字。我告诉他们，财经新闻是关于人、金钱以及各种冲突的有趣故事。

掌握财经记者的报道技巧，能让一名记者快速了解各个报道领域。新闻报道中的每个故事都涉及金钱，无论是政治、教育、天气，还是体育。一名好的财经记者，必然是一名全方位的好记者，因为财经记者能够看到故事的根本，那就是钱在故事中的作用。资本是公司介入竞选的最重要部分，也是地方政府创办新学校最关键的条件。

因此，无论在哪个国家，优秀的财经新闻记者变得越来越重要。过去15年间，经济和公司新闻是全球最重要的新闻，在可预见的未来，这些话题仍会主导新闻周期。人们知道经济和股票市场的情况，就能做出买新房子还是买新车的决定，或者是否投资特定的股票以备退休之用。此外，读者还想知道哪些公司最适合工作，以及他们应该向哪些公司申请工作，一个好的财经新闻媒体会提供有关这些方面的所有信息。

当然我不提倡财经记者成为他们读者的财务顾问，告诉他们购买什么股票或基金，或者是否该为房子的抵押贷款再融资。如果一个商业记者足够聪明，能够提出这样好的建议，那么他们就不会从事新闻工作。读者应该依靠专业的财务顾问而不是记者来获取这类信息。不过，我经常看到财经新闻在试图吸引读者的过程中降低自己的水平，而那些认为自己能够提供这些内容的记者和编辑，往往会在他们的预测出错时受到批评。

美国有很多批评财经记者的人。例如，认为2000年的股市下跌缘于财经记者没有及时向读者警示科技泡沫；2008年和 2009 年的经济萧条缘于财经记者没有警告房地产泡沫。我认为这种批评并不公平，我记得很多关于房价增长过快的报道，也记得很多关于科技公司没有收入、当然也没有利润的报道。我希望财经记者们不去理会这些批评，继续创造高质量的财经新闻，财经新闻的读者必须选择是否接受我们的警告。如果他们忽视了这些警告，他们就必须为自己的行为承担责任。

在过去的 50 年里，美国财经新闻的质量一直在提高，同一时期，中国的财经新闻报道质量也有所提高。记者们会谨慎地对待高管的言论，他们会非常聪明地找到能讲述真实故事的文件，而不是公司想让他们写的故事。如今，财经记者经常赢得美国新闻界的最高奖项——普利策奖。2018 年，《纽约时报》的财经记者因揭露一些顶级媒体公司的性骚扰而获得普利策奖。

以下是我的信念：

财经记者在社会中扮演着"看门狗"的角色，他们对大大小小的公司及政府机构进行监督，作用与政治记者撰写关于政治家和政党文章的功能是一样的，即解危济困，揭露不法行为。没有财经记者，社会就无法公平发展，公司内部非法的和不道德的行为就会泛滥。

当然，绝大多数公司都遵循基本的道德准则和专业准则运作，财经新闻记者对这些公司进行报道会对社会正常发展非常有利，因为这些优秀企业会成为其他企业效仿的标杆。

我看好财经新闻的未来。在美国，这是一个不断增长的领域，像商业内幕网和彭博社这样的新闻机构在30年前都不存在，现在则雇用了成千上万的财经记者。无论是不是财经行业的从业者，越来越多的新闻消费者意识到了解企业和经济中正在发生事情的重要性，因此对财经新闻的需求将持续增加。那些优秀的、基于事实的财经新闻对读者有巨大帮助，这也是我从事财经新闻研究而备感自豪的原因。我希望通过阅读这本书，你也会对中国财经新闻的前景感到兴奋，并帮助创造一个更好的社会。

谢谢！

克里斯·罗什（Chris Roush）

（本文作者为卡罗来纳商业新闻项目创始人、主任，北卡罗来纳大学教堂山分校媒体与新闻学院沃尔特·赫斯曼讲席教授）

"你喜欢写作吗？"女儿问。

"不。"我说。

"那你为什么当记者？"

"我喜欢采访别人，让他们说出真话，尤其是让他们在我的询问中，自动说出本来不想说的话。"我说，"还可以知道很多内幕。"

"那你还不如当警察，天天审问犯人。"女儿嫌弃地说。

说来惭愧，从事新闻采访写作迄今一晃24年，我一直对自己的写作能力抱有巨大怀疑。

1990年我参加全国高考，语文试卷满分120分，我只考了63分。记得当天一出考场，专程到考场外接我的外公马上问我："作文写的什么？你怎么写的？"我简单地复述了考题内容，外公脸色大变，判断我完全写跑题了。好在我数学成绩给力，仍旧考上了心仪的新闻系，延续了祖传的职业。

外公张西洛是著名报人，1939年抵达延安采访毛泽东，还参与创办了《新民报》《光明日报》等报纸，社会关系上天入地，但最终也仅留下一部自传。后来外公还安慰我说，咱们干的是新闻，不是文学，文字不好顶多不加分，但也不会减分。

我1994年大学毕业，当年进入中华工商时报社，1999年加入财经杂志社，2009年加入财新传媒，一直在行业顶尖的财经新闻媒体工作，经历了众多重大事件和重要历史时刻。我也有幸参与众多有影响力的财经新闻报道，包括《基金黑幕》《庄家吕梁》《谁在操纵亿安科技》等，近年又作为财新副主编，参与了对安邦保险、"明天系"等公司重大金融问题的调查报道。

从业越久，我越感到正如外公所言，新闻记者这个职业不同于文学创作，对文字的要求首先是真实，而且记者要能够采访到独家新闻，文字功底确实未必是第一位的要求。

不过，文字不好一直是我的遗憾。从在中华工商时报社市场新闻部实习开始，我的每篇稿子基本上都被编辑大修大改过。20世纪90年代初期的中华工商时报社，高手云集，文人墨客众多。我在大学时就从老师那里耳濡目染，无比崇敬这家中国顶尖的市场化媒体，实习期间拼命工作，打扫卫生，打开水，削尖了脑袋希望能被录用。当时带我的编辑杨大明、钮文新以及最后发稿把关的总编室各位老师，从没有对我的文字有任何正面评价。大家都说我的特点是采访能力强，于是我也就坚守这个信念至今。

1999年我到了财经杂志社之后，有机会和更多的勤奋人、聪明人在一起工作，我只能继续努力。每个月的稿子若是有三分之一没被重写，就能让我欢欣鼓舞好几天。那时我经常做噩梦，情节是被执行主编王烁催稿，稿子被退回来好几轮，最后王烁皱着眉头重写……

2009年底，我和当时《财经》团队的很多同事一同创业成立了财新传媒，简称"财新"。这是一个从一起步就怀揣理想、坚守理念，致力于传播国际一流财经新闻的团队。与此同时，由于互联网技术飞速发展，新闻稿件需求量不断上升，文字质量也面临着巨大的挑战。为此，财新成立当年就制定了内部使用的《新闻工作手册》，其中除了对职业道德、版权保护等做出严格规定，还用大量篇幅提出了防止差错、规范文辞的具体要求。编辑部每年对手册进行补充修订，迄今已经是第八版。于个人而言，近些年参与编辑部管理工作之后，就连我这个天生文字不好的人也开始对别人的稿子指手画脚了。

直到2017年，我才真正克服了写作障碍。这一年，我来到美国北卡罗来纳大学教堂山分校媒体与新闻学院访学。这里有美国东岸排名仅次于哥伦比亚大学的财经新闻专业，也有着美国南方的特点——关注政治报道、传统保守、低调务实。

这所学院的风气，与我2007年在加州大学伯克利分校新闻学院访学时的感觉完全不同。在伯克利，新技术与创业是校园主题，新闻学院的学生也更关注新技术和媒体创新等话题；但在教堂山，学生更关心政治议题，他们尊重传统，同时思维活跃，有着非常强的社会责任感，经常会为了课堂上的某个问题争得面红耳赤，也时常抛出各种尖锐的问题。因此，虽然身处校园，我每天的课程却与社会议题密切相关。每当美联储、劳工部、商务部、财政部发布最新数据时，学生们都会被要求写作新闻稿。平时的随堂提问大多会围绕着这样一些问题："本周最重要的财经新闻是什么？""上周哪家财经报纸的主编辞职了？""分析中美贸易战走势"……

此外，新闻学院的很多教授都有在新闻媒体从业的经验，因此从课程设置到具体讲授的内容，都将"务实"视为基本原则。比如，新闻学院教授克里斯·罗什创办的 Talking Biz News 网站，除了关注美国财经领域的新闻，还会发布这一领域的求职和招聘信息，在校生也可以直接给网站投稿。于是，到了毕业前的实习阶段，学生基本上都可以独立采访和完成新闻写作，深受实习单位的欢迎。

这次来美国之前，我作为在业务一线奔忙的编辑兼记者，日常工作繁重，采访压力巨大，从来没有时间和机会静下心来回顾自己的从业之路，也从未想过要写一本关于如何成为一名优秀财经记者的书。但是，在北卡罗来纳大学学习的经历让我萌生愿望，希望能把这些年来我的从业心得和在学院的所学所得总结出来，与新闻界同行和对这个领域有兴趣的读者分享，也希望中国媒体界的新人能够更快、更好地适应这份承载着光荣和责任的工作。

第十章
未来正在来的路上

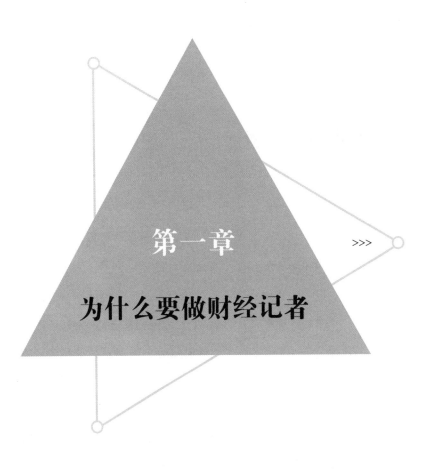

第一章

为什么要做财经记者

最赚钱的记者

丹尼尔是美国北卡罗来纳大学教堂山分校媒体与新闻学院本科四年级学生，目前面临就业问题。

丹尼尔出身中产家庭，父母都是医生，她的文字表达很好，平时的作业都在 95 分以上，教授们都很喜欢她，可以说是新闻学院里的"红人"。丹尼尔有个习惯，经常在课上提出一些让教授难以回答的问题，时不时地把话题引向政治。而这是美国大学课堂上不可深入讨论的问题——美国大学规定，老师不能在课堂上对学生阐述自己的政治观点。丹尼尔热爱体育，想过做体育记者，同时也选修了大量财经新闻课程。她觉得财经记者比较有深度，看上去更有发展前途，每次上经济报道课，都积极表现。

某次课前，老师分发了一份 2018 年的暑期实习申请，其中包括彭博社在纽约和旧金山的职位。丹尼尔很犹豫，不知道是否应该申请。课后她找到我，想知道当财经记者有什么好处，以及我个人选择这条道路的原因。

我给她列出了三条理由：一、财经记者可以收获最大的成就感；二、财经记者能获得所有记者需要的技能；三、财经记者应该是，也确实是行业内收入最高的。

先说钱。

从全球不同地域看，记者这个职业绝对不可能让人发大财、挣大钱。无论国内国外，纯粹的编辑、记者的收入都不过是中产水平，至于那些"网红主播""金牌主持"则另当别论，与记者的职业相去甚远。

财经记者是具有一定财经知识的记者。学习这类知识并不难，需要当事人有一定的数学基础，但不用建模，就算通过日常报道的积累也完全可以掌握。以我从业24年的经验看，即便是财经专业出身、商学院毕业的财经记者，也需要时刻更新自己的财经知识。这种知识更新，与财经界的研究人员和从业人士的角度完全不同，并不强调掌握技术操作细节，但对概念、趋势、行业影响等内容需要特别注意。

有了专业知识的积累，记者就会获得对财经领域各类新闻报道的更多专业的视角，在工作中也更容易与专业人士沟通——这往往成为财经记者身价的标准。财经记者获得的信息和资源越多，其身价就会越高。

根据美国劳工部2013年的统计，全美所有记者的年

平均工资为 4.72 万美元。根据美国商业编辑和作家协会
（SABEW）、Talking Biz News 网站 2015 年的一项调查，美国
财经记者的年薪在 7 万美元到 7.5 万美元之间，大多数被调
查者在过去一年中获得过加薪。即使是刚毕业的大学生，做
财经记者的收入也显著高于其他领域的记者。

　　"我的一名学生毕业后去了纽约彭博社的办公室，负责
银行报道，她的年薪是 7 万美元；同时毕业的另一名学生去
了北卡罗来纳州最大的都市报报社夏洛特日报社，起薪才 3.2
万美元，差距太明显了。"罗什教授说。当然，这里面包含
了明显的地域差异，像纽约这样的国际化大都市，薪酬体系
自然高过二三线城市和边远地区。

　　而在中国，记者行业薪酬结构复杂，往往还有一些隐性
收入，比如帮助企业写书、做活动都会获得各种名目的收
入，因此没有办法获得真实地呈现记者薪酬水平的数据。不
过，财经类，特别是证券媒体记者，收入偏高也是业内公认
的事实。

　　美国财经新闻受到重视始于 2000 年前后。当时互联网
经济大发展，市场活跃，财经媒体数量激增，特别是线上媒
体，其中许多只涵盖某个行业或特定类型的公司。新老财经
媒体如彭博社、路透社、华尔街日报社、商业内幕网、美国
城市商业杂志社（ACBJ）等在竞争中求生存，纷纷下大力气

不断寻找财经记者和编辑为其工作。

同时，过去 10 年以来，大批资金热衷于购买或创办提供财经新闻的机构。2007 年，新闻集团（News Corporation）斥资 50 亿美元收购《华尔街日报》、市场观察（MarketWatch.com）和《巴伦周刊》（Barron's）的母公司。不久，汤姆森公司（Thomson Corp.）以 170 亿美元收购了路透社，其中估值最高的部分就是金融新闻线。同年，美国最大的期刊出版公司康德纳斯（Condé Nast）耗资 1 亿美元创办名为《投资组合》（Portfolio）的商业杂志。2009 年，彭博社收购商业周刊（Businessweek）杂志社，将其商业新闻产品组合扩大至消费者群体，同时花费数百万美元扩大新闻业务，包括影响企业的监管和政府新闻。

2015 年，德国公司斯普林格（Axel Springer）耗资 3.4 亿美元，收购美国第二大商业新闻网站商业内幕网的多数股权。同年，日本日经公司耗资 13 亿美元收购知名财经媒体《金融时报》（Financial Times）。

在中国，虽然政府对传媒行业的监管规范与美国不同，但中国互联网公司三巨头——百度、阿里巴巴、腾讯（简称"BAT"）仍对多家财经类机构媒体进行了投资，这些媒体机构的薪酬福利也明显优于行业中的其他媒体。

资本方斥资数十亿美元收购财经新闻机构，显然不仅是出于"理想追求"，而是因为可以赚到钱，或者说，这是新闻领域最有可能赚钱的部分。

2018 年 4 月，英国《金融时报》首席执行官约翰·里丁（John Ridding）在一次访谈中称，目前英国《金融时报》90 万用户中，有三分之二是数字客户。用户订阅的收入已经超过广告收入，成为该公司营收的主要来源，占到了总营收的三分之二。"我的观点是，如果你有什么东西能让你与众不同，那么你就可以收费。"

《华尔街日报》美国新闻编辑格伦·霍尔（Glenn Hall）在一次讲座中表示，财经新闻是值得付费的，未来也是如此。

无论怎样，我们并不能将财经记者归入高收入人群，无论是《纽约时报》，还是《华尔街日报》的大编辑、名记者，其收入也不过是中产水平。

那他们为什么愿意坚持从事新闻工作呢？

罗什教授说："每个人都希望能够为社会做贡献，推动社会进步，同时从事自己感兴趣的职业，这种人生观不是简单地通过高收入就可以满足的。在北卡罗来纳大学教堂山分校媒体与新闻学院就读的学生，大部分来自中产以上家庭，他们对个人兴趣与社会回报的追求普遍高于对金钱的追求。"

记者中的全能战士

再来看第二点，财经新闻几乎可以涵盖新闻报道的每一个领域。

政府修路、建学校，涉及资金运用、成本估算；重大自然灾害报道，涉及基础设施建设及维护、后续保险理赔、损失估算等；正在研发的新药，涉及公司估值、市场反应；环境问题的背后则是企业如何转变业务、控制成本；甚至对影视明星的报道，人们也越来越关注他们的薪酬、纳税和投资情况。

比如，美国飓风"哈维"和"艾尔玛"对得克萨斯州和佛罗里达州造成重创，引发巨大关注，美国主流媒体纷纷派出团队深入实地报道。观众可以在电视上看到被狂风暴雨吹打得东倒西歪的主持人，站在齐胸深的水里，坚持报道如何营救独居老人，画面感和代入感很强。除此之外，每家媒体其实会投入更多精力报道灾难中其他层面的问题，包括政府如何支援、财政投入多少、后续损失理赔等。此类报道需要报道者对政府的财政情况及流程非常熟悉，这就属于财经记者的业务领域了。

无论什么领域、什么选题，财经记者都要能够找到切入点，给予公众最专业的解读。涉及资金报道的新闻需要特别谨慎，记者必须知道自己在写什么，要查找哪些文件以及要使用哪些资源。当资产负债表、税表、投资项目说明等专业文件出现在记者面前时，记者需要找到其中的关键点，知道故事发生在哪里。财经记者还要知道如何阅读损益表、资产负债表和交易合同，熟悉监管文件的措辞，知道如何快速找到专业人士进行采访。

在中国也是如此，财经新闻记者需要努力获取那些应该公开的各种文件、报表等，要能以其火眼金睛从中发现各种财务造假的证据。此外，还可能要应对当事者各种各样的游说，以及不同利益方的干涉。

因此，财经记者不但要具备尽可能多的财经知识，也要有其他方面的才能，包括极强的采访能力、分析能力、抗压能力，堪称记者中的全能战士。想要成为顶尖的财经记者难度很大，但对于有志于此的人来说，战胜这些挑战也会更有成就感。

拥有巨大的社会影响力和成就感

在美国，人们很容易理解政治和社会报道记者的巨大影响力。从 1972 年 6 月 17 日詹姆斯·麦科德等五人闯入位于水门大厦的民主党全国总部开始，一直到 1974 年 8 月 9 日尼克松总统辞职，《华盛顿邮报》的两位记者鲍勃·伍德沃德（Bob Woodward）和卡尔·伯恩斯坦（Carl Bernstein）对整个事件进行了一系列跟踪报道。他们报道的内幕消息揭露了白宫与"水门事件"之间的联系，并最终导致尼克松总统辞职。尼克松也成为美国历史上第一位，也是迄今唯一因丑闻而中途下台的总统。

其实，财经记者同样拥有巨大的影响力。有时候一篇小小的稿件，就能引发"经济地震"。比如，对于 IPO 政策先知先觉的消息，可以导致上万亿元市值的股市剧烈波动；比如，对某家公司财务造假的调查，可以引发这家公司甚至整个行业的强烈震荡；再比如，某些深度调查报道，可以戳破某些行业中"皇帝的新衣",引发该行业的全面改革与重新洗牌。

在中国,财经记者常常是站在变革第一线的人。比如,胡舒立担任主编时的《财经》杂志,多篇重磅文章直接引发了行业巨震,在推动行业改革的同时,也助力于整个国家的经济改革。胡舒立及其团队也因此多次获得国内外奖项。而现在,财新传媒的记者出去采访,也往往会被"高看一眼"。

新闻记者的成就感有许多层次:看到自己的名字和文章变成铅字出现在出版物上会带来成就感;同事和亲朋的鼓励、表扬会带来成就感;采访对象的积极反馈会带来成就感;因报道成名会带来成就感;当然,最大的成就感还是来自报道对社会的影响和改变。

之前提到的同学丹尼尔,在 2017 年发表了关于北卡罗来纳大学学生被债务困扰的报道,次年凭此获得美国商业编辑和作家协会的"年度专业刊物文章"奖,也因此获得了进入彭博社实习的机会。

"这篇文章发表之后,一方面有人打电话给报社提出捐赠,另一方面学校有关部门也来找我,探讨减轻学生债务负担的具体措施。我特别高兴,这应该就是成就感。"丹尼尔对我说。

丹尼尔认同财经新闻是传媒中专业性最强的一类的说法。相较于她之前接触过的电视新闻、体育新闻，做一个财经记者对自身的知识水准提出了更高的要求。

"我还是先从最有价值、最专业的部分做起吧。"丹尼尔说。

热爱，热爱，热爱

　　罗什教授的课堂上有 15 名学生，其中有两人来自商学院，大部分人都有志于从事媒体或公关事业。

　　四年级学生罗斯是北卡三角洲地区知名富豪的千金，经常穿一身大红色的衣服来上课，我打趣她说"天天希望股市下跌"（美国股市中，指数呈绿色代表上涨，红色代表下跌）。

　　她的父亲管理着一家规模超过 100 亿美元的对冲基金，北卡罗来纳大学教堂山分校媒体与新闻学院曾专门请他演讲。讲座时，她父亲带来三位分管不同投资部门的助手和一名秘书。这些人穿着高级的职业装，与一屋子身着 T 恤和短裤的大学生站在一起，仿佛来自两个完全不同的世界。

　　我问红衣罗斯为什么要选择学习新闻，而不是去读商学院，她立刻笑起来："我数学不好，现在上数据新闻课要写程序就很头疼呢！你们不要以为我会继承父亲的公司，至少目前还不想。我打算先学自己感兴趣的。你不觉得美国的新闻很有趣吗？我每天看各种政治新闻，经常看得哈哈大笑，如果能够采访这些政治大佬，该是多么有趣的事情啊！"

她选修了很多课程，包括数据新闻、谈谈政治、3D新闻制作、电视新闻、财经新闻等。"现在的社会需要新技术傍身，新闻行业更是如此。我父亲的公司里就有很多研究新技术的人"。

罗斯喜欢跨界："我觉得用大数据挖掘新闻很有趣，能形成各种独特的热点，政治新闻报道也可以用这些技术。我也在努力学好编程。"

2017年8月底，北卡罗来纳大学教堂山分校校园内一座有着100多年历史的雕像将要被拆除，引发了学生们的激烈争论。这座雕像名为《沉默的萨姆》(Silent Sam)，其形象是南北战争中的一名南方士兵，以此纪念为南军征战的北卡罗来纳大学学生。有学生认为这座雕像是种族主义的标志，代表了当时南方支持的奴隶制，应该坚决移除。

红衣罗斯参加了后来的抗议活动，还做了现场报道，包括电视新闻、文字报道等。"我在脸书、推特和Instagram上做了直播，点击率很高。因为北卡罗来纳大学的公立背景，这座雕像并未被拆除。但我们与多个反种族歧视组织合作，进行了一个超过500人的调查，并配上视频、文字等各种信息，发布在互联网上，也有很多人点击。"

罗斯在毕业前的一个学期选择去华尔街日报社实习：
"我还是喜欢政治议题，尤其喜欢参与其中。"

学院教授吉约里说："新闻行业薪酬不高，这一点全世界都一样。不过，我们的大部分学生对新闻事业的热爱是发自内心的。"

来自商学院的约翰，出身于小富之家。他的父亲拥有自己的连锁企业，希望儿子未来能够子承父业。但约翰对我说："你知道我的高中同学中有几个上商学院的？就我一个。其实我现在对搞新闻也挺有兴趣的。"同时，约翰还在校报担任记者，报道学校里的各种新鲜事。

约翰说，他一开始来听财经新闻课是出于好奇。"我想多了解一下财经记者的工作，上了课才发现这是一个快速上手了解市场的渠道，而且可以很有效地找到市场上的关键人物。这是商学院的课程里没有的，很有趣。说不定我将来也会从事这一职业。"

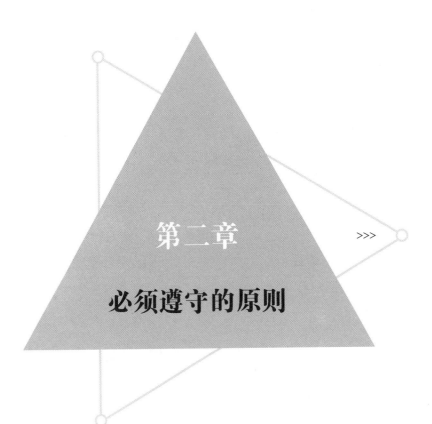

第二章

必须遵守的原则

>>>

严禁职务牟利

罗什教授是美国新闻学院里常见的一类教授，他具有实际操作经验，记者、编辑出身，对行业非常熟悉，时刻保持新闻敏感。罗什教授的财经新闻课，主要讲授美国财经新闻的报道规则、技巧以及专业知识等。这门课的最后一讲，是关于财经新闻职业道德的讨论。

由于美国新闻媒体成熟度和透明度都较高，社会整体价值观也比较统一，新闻记者的职业道德底线非常明确。记者的采访报道不能与报道对象及其他相关方有任何利益关联已是共识。坚持独立、客观的身份，是媒体人毋庸置疑的应守之义。

相比之下，必须承认在中国新闻界这个问题尽管已经被多次提出，有关监管部门也发布过管理规定，但在新闻实务操作中仍然被很多人漠视或忽视。原因很简单，由于中国社会整体的法治水平、行业自律水平和新闻从业者认知水平所限，有意或无意地无视各类采访中利益冲突的问题并不鲜见。

因此本书特将职业道德的原则问题单独作为一章，以示其重要。

在新闻行业，面临最严峻职业道德考验的就是财经记者，尤其是报道金融市场和上市企业的记者。

财经记者虽然属于新闻行业内的"高收入人群"，但是与每天接触、采访的财经界人士相比，就真是"贫困人口"了。财经记者每天会见到形形色色有钱有权的人物，有机会知晓各种各样影响市场的内幕消息，他们是否意识到进行经济和企业报道时会涉及个人利益？是否清醒地遵从职业规则限制？可不可以为了促成采访而收下"红包"礼物？想要处理好这些问题，必须明确财经记者的职业道德底线。

在中国，大多数媒体的财经记者，都可以随意投资股票、参股报道对象、认购报道对象的房产，这些行为在业内往往不被当成问题。记者自己掏钱买了低价股票，自己掏钱买了低价房子，不属于严格意义上的受贿行为。不过，仔细分析这些行为与工作的内在关联就会发现，很多行为或许没有直接构成违法，但明显有违职业道德。

美国由于法治和市场化程度较高，各类信息比较公开，财经新闻报道的理念和实际操作相对规范，财经记者的工作更有章可循。美国商业编辑和作家协会在其提出的道德守则中明确提出，财经记者是公众信任的守护者，不得滥用这一权力。财经记者仅有光明正大的意图还不够，同时必须避免通过工作谋求个人利益或滥用新闻权力：个人的投资和人际关系应避免任何可能妥协或危及客观、公平的做法；不要让个人投资影响内容；应向上级或直接向公众披露投资头寸（即款项，是金融界及商业界的流行用语）；应披露可能造成利益冲突的个人关系或家庭关系；避免积极交易和其他短期盈利机会；不利用内部信息来获取个人利益；确保信息的机密性；不要延迟或不发布任何可能影响公众知情权的信息。

　　具体到财经记者是否可以投资以及投资范围应如何限定，无论在新闻实践中还是课堂上，都存在不同的看法。

　　"共同基金应该是可以的吧？"来自商学院的学生扎克问。扎克认为，根据美国证监会的规则，金融证券行业内的很多从业人员都可以在披露的前提下投资共同基金，这个规则应该对记者也适用。在美国，很多报道华尔街的财经记者和编辑都在上市公司或共同基金中拥有股票，有的属于自己的投资，有的来自家族继承或馈赠。美国媒体是否因为他们的持股行为，就阻止他们撰写或编辑关于他们拥有股票的公司或行业的报道？这个问题没有明确的答案。

　　罗什教授举出一个反例。北卡罗来纳州《威斯康星日报》

的一名记者，投资了一只专门投资银行的共同基金。他在采访一宗银行收购案时获知了一些相关信息，之后他抛出了投资的基金。这一行为后来被报社知晓，导致这名记者被解雇。

"当然，这些规则都是各家媒体自己制定与执行的，如果够得上内幕信息交易，美国证券交易委员会（SEC）就会直接介入。"罗什说，"因此你们未来在媒体工作时，一定要把工作手册看清楚，也要随时向编辑汇报个人投资情况。"

罗什也有一个亲身的例子。他曾在坦帕论坛报社（Tampa Tribune）当记者，那时他持有从祖父那里继承的南方股份有限公司的股票。这家公司并不在他平时报道的范围内，但有一次由于相关的记者休假，他被派去采访和报道这家公司首席执行官的一次演讲。"去之前，我向编辑报告了我的持股情况，编辑让我对此承诺，不会因为这个投资而影响报道的公正性和客观真实性，同时在半年内不能对这只股票进行交易。然后我就去了，并发表了文章。当然，我没有在这个阶段交易这只股票。"

类似的情况并不鲜见。在新闻学院的另一门商业报道课的课堂上，教授在讲述股票与债券的区别时，有一名学生表示，她很小的时候就继承了很多债券，目前她已经超过18岁，可以动用这些债券。教授说："如果你要当记者，就要先向编辑和主管汇报，因为这属于你的投资。"

另外，在美国，每个有工作的人都会参与 401k 计划（即养老金计划），员工可以选择投资股票、债券、共同基金、货币基金等，为自己 40 年后的退休生活做好规划。这类投资与财经记者的报道是否存在利益冲突？各家媒体的处理方式也大不相同。

"20 年前我在彭博社当记者时，彭博社还鼓励记者投资自己报道范围内的公司，认为这样可以熟悉市场、熟悉企业。但这也带来了很多问题，包括内幕交易、内幕信息泄露等。彭博社很快认识到这个问题，于是改变了政策。"罗什说，"现在绝大多数媒体都有明确的职业道德规范，严禁财经记者持股。"

彭博社现在的规定是，允许记者报道与他们有经济利益关系的公司，但记者需要向相关主管披露个人利益关系与规模，并需要声明这种利益关联不会影响他们进行客观公正的报道。

旗下拥有《华尔街日报》和《巴伦周刊》的道琼斯公司的标准非常严格。2015 年版的《道琼斯行为准则》规定，员工及直系家属须披露投资情况，禁止记者通过采访获得的信息进行交易。道琼斯公司的所有员工禁止做空股票，也不得买卖期货或者期权。所有高级管理人员和所有新闻、广告人员不得从事短期证券交易，持股期限至少为 6 个月。

同时,《道琼斯行为准则》严格禁止使用道琼斯未发布的新闻、信息、广告以及发布时间表等作为任何投资决策的依据。"任何知道此类信息的员工,不得在信息发布前购买或出售证券,或以任何方式鼓励或协助其他人根据该信息直接或间接购买或出售证券。这些限制持续到文章或广告出现在道琼斯出版物或新闻服务中的第三个交易日。"另外,记者不能通过自己发表的新闻和信息来影响其投资标的的价格。

美国商业周刊社规定,记者及其配偶和直系亲属不能投资其报道领域的股票,甚至包括美术、后期制作人员也受此限制。但是没有对共同基金的投资进行限制。

拥有1.7亿用户的美国科技新闻网Recode的要求更直接明了。在每名编辑、记者的网页上,都有自己的投资声明,可以直接看到他们的投资情况,包括对不同股票的持股情况,甚至其401k计划的情况。此外,有的编辑、记者还会直接公布其个人在其他方面的投资,比如总编辑丹·弗罗默(Dan Frommer)在声明中就表明,他创办并持有一家城市旅游媒体公司,他和妻子的401k计划也投资了一些共同基金。弗罗默还声明,他会进行一些演讲,但是并不收费,也不为任何公司做咨询,同时不接受任何与报道相关企业的礼品或产品。

财经媒体的诚信至关重要,任何一个记者或编辑违反了诚信原则，读者将不会再相信这家媒体的任何报道。

2005 年，美国财经媒体市场观察联合创始人兼评论员汤姆·卡兰德拉（Thom Calandra）被美国证监会调查，因为他没有披露自己持有股票的状况，并在采访相关公司之后快速抛出了股票。最终，他被罚款 54 万美元。2007 年，互联网公司投资大热时，市场观察的技术专栏作家邦比·弗朗西斯科（Bambi Francisco），因为投资了自己报道过的视频网站Vator.tv 而被迫离职。

正如彭博社内部的《行为准则》（2009 年版）所言："当揭露不法行为时，我们应该做好一切被攻击的准备，故事影响越大，需要承受最严格审查的义务就越大。"

反观中国，就行业而言，尚未见到对财经记者的投资行为有过任何限制，甚至还有一些制度性原因滋生这类有损职业道德的行为。最受关注的，就是证券市场的信息披露制度。

中国证券市场设立初期，主要的信息都是靠纸质媒体发布，不像现在有电视、互联网，乃至官方的社交媒体账号。因此，上市公司发布公告，投资者一定是第二天早上看到报纸后才能知道。

1998 年版《中华人民共和国证券法》强调上市公司的信息披露要求，规定"在国家有关部门规定的报刊上或者在专项出版的公报上刊登"。但这一规定具有模糊性，一些上市公司信息披露渠道混乱。20 世纪 90 年代前后，全国各地的证券类报刊形形色色，风靡一时，无论对上市公司还是对一般中小投资者，这些信息的发布与获取都难言公平。

证监会为了解决这一问题，于 1994 年专门明确指定信息披露媒体（"七报一刊"），互联网兴起之后又增加了六家网络媒体免费披露相关信息。一批证券类专业报刊及网站成为上市公司刊登公告的指定媒体，投资者可以通过这些报刊和网站获得上市公司公开发布的信息。这一举措的出台有其特殊的时代背景，在信息发布混乱的环境下，对保护市场公开、公平起到了积极的作用。2004 年修订证券法时，也专门为此增加了相关内容。《中华人民共和国证券法》第七十条规定，"依法必须披露的信息，应当在国务院证券监督管理机构指定的媒体发布"，等于明确了指定信息披露媒体的合法地位。

但是，随着市场发展，这一制度很快滋生出新的问题。从媒体角度看，这些指定媒体由此赢得巨额广告收入，发行量激增，一时成为中国发行量最大的报刊。每到信息披露高峰季节，这些报刊经常厚达几百个版面，一份日报会有几斤重。定价一元的报纸，直接卖给收废品的就可以获利好几元。

另一个问题是，这些指定信息披露媒体的内部人员往往据此获得内幕信息，并操作获利。

由于纸质媒体都有排版印刷周期，上市公司信息披露的日期又相对集中，信息披露的内容多，数据量大，需要反复校对，因此，所有的上市公司都会尽早把公告送至媒体准备排版。为了防止内幕信息泄露，需要在第二天披露的信息，原本应于当天收盘之后送至指定媒体。但事实上，由于信息披露公司数量太多，媒体内部操作流程复杂，工作压力巨大，都希望尽早开始工作，客观上给内幕信息的泄露留下缺口。

于是，几大指定信息披露媒体的内部人员，经常能够在上市公司公布业绩或者发布公开信息前得到信息，并有机会据此进行市场买卖。这种现象在几年前的新闻界甚至监管机构并不是秘密。这些媒体的一些记者买别墅豪车、个人投资、移民等原始积累均源于此。更有"头脑敏捷"的编辑、记者转型为职业投资人，身家动辄过亿元。以官方媒体的工资奖金水准而言，这显然都是非正常收入的结果。

最近几年，随着互联网的快速发展，投资者可以方便快捷地从交易所网站和相关财经网站上获得第一手信息，指定信息披露媒体已丧失了存在的必要性。纸质媒体江河日下，曾经如日中天的信息披露生意日渐冷清。不过，几次《中华人民共和国证券法》修订中，仍然继续保留了这一条款。

此外，证券金融行业的记者在采访相关监管部门、上市公司时，也经常会获得一些尚未公开的信息。由于没有对证券、金融记者的投资行为有明确要求与限制，利用这些非公开信息进行个人投资，也成为新闻界常见的行为。更有甚者，在一些媒体 QQ 群、微信群中，记者们公开对股票投资的内部信息进行交流。而在电视、广播关于股票投资的栏目中，主持人、嘉宾更是直接公开自己的投资头寸。

近年来，这种情况正在逐步得到重视和纠正，但媒体职业道德和社会共识的达成还有待时日。2018 年 5 月，中国证监会对知名证券节目主持人廖某某处以罚款 1.29 亿元，原因是廖某某通过事先建仓，并在节目中推荐股票，吸引中小散户购买拉高股价，他则立刻获利离场。

受到处罚的廖某某事后竟称，"不缺少缴纳罚款的财产"，"打了 1 亿多广告，算是家喻户晓了"。而且，因为移交司法需要更充足有力的证据，证券市场内幕交易取证又异常困难，廖某某是否能够被移交司法机关，至今并未有明确结论。

接下来，再来说说"红包"与礼物馈赠。在美国媒体行业，这方面的回答都很明确：绝对不可以收"红包"。至于礼物，也有明确的规定：尽量不收，实在推辞不过的，礼物价值必须在 25 美元以下。

罗什教授举了自己之前采访时的例子。一次，他采访美国著名有机食品超市全食（Whole Foods）时，老板递过来一个自产的烘焙面包，价值不过四五美元。"一般情况下，我们会先推辞，实在不行，会去付钱。超过 25 美元的肯定不能接受，或者直接拒绝，或者捐赠给慈善机构。"

付费采访、免费旅行等活动则是绝对不可以的。"1996 年亚特兰大奥运会期间，可口可乐公司作为奥运会的最大赞助商，给我提供了一张棒球决赛门票，并且可以和可口可乐高管坐在一起看比赛。我觉得这是一次绝佳的采访机会，便汇报给编辑。编辑也认为这是个好机会。于是我们公司支付了门票钱，而我进行了这次采访。"罗什教授说。

一般情况下，国内记者对这类馈赠与"红包"早已见怪不怪，大多来者不拒。采访对象经常以举办新闻发布会等形式，向记者提供出席活动的"车马费"、往返机票、豪华酒店住宿，以及各类比赛演出票、电子设备等，名目不一。俗话说，"吃人嘴短，拿人手软"。虽然尚未见到有关记者收受"红包"和礼品而影响报道的相关数据统计，但根据我的经验，收受了各种好处的媒体和记者，肯定会在报道中留有情面。有时候面对同一个新闻发布会，不同的媒体会发表立场甚至事实差异很大的报道，其中最主要的判别之一，就是记者是否收受了钱物。

在传媒行业待过的人都清楚，财经记者与企业接触时间长了，必然要经历利益冲突的考验。企业都需要通过媒体打广告、办活动以提升知名度，他们更有意愿与"跑口记者"合作，在利益交换的同时，也便于控制与这家企业相关报道的立场与内容。因此在一些媒体中，广告和活动收入的提成变成了记者的主要收入来源，也从另一个方面纵容鼓励了记者与采访对象之间的金钱交易。

此外，一些媒体内部采编、经营部门业务混淆不清，会直接要求记者担负一定的创收任务，包括拉广告、搞发行、办会议、找赞助等。近年来政府三令五申，监管趋严，但仍无法根除痼疾。在一些媒体内部，即使没有量化考核，记者也会在拉到广告和赞助后获得相当比例的提成。

在这一点上，我颇以自己所在的财新传媒为傲。

财新公司从创办之日起就深切认识到，新闻传播和资讯服务都具有特殊的行业风险，作为一个专注于原创财经报道的机构媒体，除了要求员工遵纪守法，还必须对风险管理常抓不懈，这包括制度建设、企业文化，也意味着你如果加入财新公司，就必须清楚地知道警戒线在哪里。

这些年来，财新编辑部每年都会重新修订、颁布一次《新闻工作手册》，对员工警钟长鸣。2017年春天，财新公司又参照国内外金融和投资机构监管的有关规定，根据媒体业务特点和管理重点，专门设立了公司合规官，制定发布了财新《合规手册》。这本小册子并不厚，但是列举了公司各部门和岗位可能涉及的各类风险点，其中第一条就明确指出，财新公司"以公信力为最大价值"，个人及部门利益处理不当，则可能伤及公共利益，从而有损媒体的社会公信力。这是从制度上明确各种利益冲突与媒体人命运的关系。

为了杜绝编辑、记者因职务身份便利而染指内幕交易，每到年底，财新公司的采编和研究人员会收到一封内部邮件，这是公司法律与合规部门例行的采编岗位个人投资行为检查。新记者入职培训的第一课，就是编辑部结合案例，讲解和强调职业道德准则，明确严禁收受任何形式的礼物和"红包"的规定。财新记者不拿车马费，不收礼物，有时候当面拒绝会显得失礼，也会采取事后退回等方式妥当处理。

在财新公司内部，内容生产和制作部门与广告、会议等经营部门是完全分开的。采编部门如果从采访对象那里接到广告或赞助方面的信息，会直接转给经营部门处理，无权与采访对象和客户进行业务接触和交易，当然更谈不上任何这方面的业绩提成。这种采编与经营完全分开的信息隔离制度（"防火墙"）有效保障了报道的独立与客观。防火墙的关键是广告销售部门在任何时候、任何情况下，都不能指挥、左右、影响新闻编辑部门，新闻采编业务必须独立于公司的广告利益。

有效保护信源

"如果你收到法院的传票，你会提供信源的真实身份与名字吗？"媒体法教授阿曼达·马丁在课堂上提出这样一个问题。

学生们都认为，从道义上讲肯定不能提供，但是面对传票与蹲监狱的可能，还真是需要考虑一下。

马丁教授则强调，从美国之前的多宗类似案件来看，媒体有权利保护匿名信源，法院大多数也会支持媒体。"如果出了这类问题，你们可以聘请我。"马丁教授同时还是一家律师事务所的合伙人。

记者作为历史的记录者，所有新闻作品都建立在采访之上，记者只有与信源之间建立起充分的互信关系，才可能不断获得有效的信息。而所谓与信源之间的互信关系，直白地说，就是要有效保护信源。

记者圆满完成一次报道任务，最耗费时间和精力的事情就是对信源的采访，包括公开场合的发言或者采访、非公开场合的谈话，以及明确为"不可报道"的交谈。

一般说来，公开场合的发言或采访最容易报道，只要把录音听清楚，语句调顺，必要时加上引号即可直接发表。但这里面也有一个问题需要注意，即正确理解发言者的观点，不能断章取义或者歪曲观点。

经常有采访对象抱怨某报纸将他说的话写反了、意思表达不准确，等等。避免这类问题的一个关键是，记者对采访对象要有一定的了解，包括其职务、立场、职业履历等，同时要对发言时的语境有所了解，不能简单地把听到的有冲击力的词搬出来。

例如，新加坡总理李显龙在 2013 年曾经发表一次讲话，中间谈到中国与亚洲其他国家的关系，一家媒体以《李显龙：中国或得到钓鱼岛，但会输掉世界地位》为题发表报道，立刻引发舆论关注。新加坡与中国外交部先后公开发表声明，称李显龙发言的本意并不是这样，新加坡外交部还专门发布了发言全文。

类似的案例在新闻业内很多，尤其在互联网抓眼球、拉流量的"标题党"时代，这样的标题确实能够引发关注，但对媒体自身公信力的损害更大。

此外，对于采访对象的一些直接引语，一般情况下需要当事人的确认和授权后才可引用。互联网时代的确认成本并不高，也非常有利于与信源建立更密切的互信关系。

最头疼的，是信源在非公开场合的谈话以及明确告知"不能报道"的采访。从新闻记者作为社会监督者的身份来说，这类消息往往更有报道价值。但是一旦这些信息被公开，媒体很可能会受到来自各方面的压力。此时媒体对信源的保护，就需要上升到职业道德的高度去看待。

最典型的例子当属美国政治史上著名的"水门事件"。

1972年，《华盛顿邮报》两名记者伍德沃德、伯恩斯坦的报道揭露，为了取得竞争对手内部的情报，尼克松竞选班子曾潜入位于水门大厦的民主党全国委员会办公室，安装窃听器并偷拍相关文件。

报道的所有信息均来源于匿名人士，两名记者称其为"深喉"（Deep Throat）。面对国家权力机关、政党机构的多轮质询，乃至在尼克松辞职、媒体大获全胜之后，《华盛顿邮报》以及与"深喉"接触过的媒体记者，也从未对外证实过其真实身份。

直到2005年，"深喉"人士才被证实为美国联邦调查局前副局长马克·费尔特。是他当时秘密约见了伍德沃德，告知水门大厦闯入者的信息，并称白宫人员认为"水门事件"的利害关系极大。两人的最后一次会面是在凌晨两点，地点在弗吉尼亚州罗斯林一处地下停车库里。费尔特提醒伍德沃德，自己可能被跟踪和窃听，因为联邦调查局千方百计要找到他和其他知情者，防止他们披露更为广泛的犯罪网络。两名记者及其所在的《华盛顿邮报》，自始至终都尽职尽责保护了信源的安全。

类似的事件在世界新闻史上还有很多，那些通过匿名信源得到、经过记者编辑核查后而正式发表的报道，往往会引发重大的社会影响，极大地维护公众利益。这也让匿名信源成为媒体报道敏感话题和人物的一项重要武器。

美国国务院国际信息局出版的《媒体法律手册》（ *Media Law Handbook* ）中明确写道："新闻工作者享有为消息来源和未公开的信息保密的权利，这对促进信息的自由流通和公众的知情权必不可少。"

北卡罗来纳大学教堂山分校媒体与新闻学院教授弗雷尔·盖尔利认为："对于记者来说，所有采访获得的内容在经过核查之后都是可以用的，无论信源是公开还是匿名的。"

盖尔利教授说，记者要使线人畅所欲言，就必须承诺为他们的身份保密。媒体有权不受政府或其他部门的事前审查。如果没有这些特免权，会严重削弱媒体监督政府和揭露腐败的能力。

"大多数媒体职业操守中都要求记者保护消息来源。对记者而言，这既关系到职业信誉，也有实际操作的必要。违反保密承诺的记者，将来不会受到其他线人的信任。正因为如此，记者即使面临藐视法庭的指控，也不会公开自己的消息来源。"盖尔利教授明确表示。

在《华盛顿邮报》以及其他一些媒体，记者被要求向编辑报告具体信源情况，同时编辑、记者会进行交叉查证，以确保信息的可靠性。"编辑有责任了解报道中所使用消息的来源，以便能与记者共同评估使用它们的适当性。出现在报纸上的任何消息来源应至少为一名编辑所知。"

当然也存在匿名信源被滥用的情况。比如，1980 年《华盛顿邮报》记者珍妮特·库克（Janet Cooke）新闻造假案，2003 年《纽约时报》记者杰森·布莱尔（Jayson Blair）新闻造假案，2004 年《今日美国》记者杰克·凯利（Jack Kelley）新闻造假案，在这些丑闻中，记者都是借匿名信源之名，自行编造虚假事实。

"简单地说，有这样几个原则：首先，不能造假；其次，对于有可能实名引用的内容要反复去确认，不能偷懒；再次，对于确实需要匿名发表的内容，在反复核实之后，要保护好信源。"盖尔利教授说。

严格保密信息

　　记者会知道很多消息，尤其是很多并未公开的信息，其中有很多是需要保密的，专业的说法叫作"职务行为信息管理"。但有时保密并不那么容易，或者说记者培养保密意识并不是一件容易的事。

　　在一次财经新闻课上，罗什教授给学生们布置了一项作业，请学生们采访自己选定的北卡三角洲地区某家上市公司。"可以采访公司高管、投资人、董事会成员、客户、员工等。但是请注意，它们是上市公司，不能随便将你想知道的内容告知别人。"

　　罗什讲了一个故事。几年前，他班上的学生采访了一家上市公司的高管。因为面对的是学生，这位高管比较放松，谈了很多内容。这名学生在正式发表报道前，将谈话内容告诉了自己的父母和朋友，而这些人据此投资了这家公司。"这就是内幕交易，美国证券交易委员会会来调查。记者一定要学会在文章正式发表前保密。"

大部分媒体对财经记者的职业道德都有相对明确的要求，例如不能投资自己报道的公司、行业，任何个人投资需要进行申报等。新记者在入职时大多接受了相关的培训，会明白不能直接从事交易。但是，一名记者如果将采访所得信息有意无意告知他人，这种行为是否涉及职业道德？目前并没有明确的说法。换言之，如果这一行为产生了内幕交易，记者是否需要承担责任呢？

财经记者掌握的很多信息都会对社会产生影响——有时非常小，有时非常大。从新闻媒体的属性上讲，这些信息需要公平地对外界发布。正式公开发布前，这些信息都属于内幕信息。

从法律上讲，新闻记者并不在内幕信息知情人范畴内。《中华人民共和国证券法》第七十四条限定了内幕信息知情人的范围，包括公司董事、监事和高管、持股5%以上股东、实际控制人、发行人控股的公司及其董事、监事和高管，以及由于所任公司职务可以获取公司有关内幕信息的人员、监管部门人员、证券保荐承销登记结算机构人员等。根据美国现行法律，记者也不算内幕信息知情人，如果他们无意间泄露了一些信息，记者并不会被处罚。

但是，由于记者身份的特殊性，他们很可能在与其他采访对象的交流中、在与朋友或同行的交流中获得内幕信息，并不小心将这类信息外泄他人。对此，罗什的告诫是少说为妙，新记者尤其需要注意"管好嘴巴，多听少说"。

不少我带过的新记者都遇到过这个问题。他们由于资历较浅、专业知识积累少和经验不够丰富，与采访对象的交流是最难保密的。一般情况下，采访对象都是行业内的名人、专家，他们掌握的信息常常很多，记者希望从他们口中获取更多的信息与更专业的分析，也会绞尽脑汁提出各种问题，在这个过程中，采访对象很容易会将一些尚未对外公开的信息透露给对方。大多数专业人士会虑及职业道德与操守，行事谨慎，但仍有不少人刻意违规，相关案例不胜枚举。

对亲戚朋友的保密，无论新老记者都很难管理，因为这些熟悉与友好、善意的人群看上去完全"无害"。但任何信息外泄都是违反职业道德的，记者应该尽量避免与亲朋好友直接谈论具体的工作细节。

实际上，在一篇报道正式发表之前，任何信息都应被视为保密信息，需要通过编辑流程反复核实。如果出现虚假信息或者错误数据，可能会造成难以估量的负面影响，损害某一方的利益，而记者提前泄露的信息，很可能成为谣言的起点。因此，记者必须对他们得到的任何信息严格保密，直到确认这是事实并正式发表。

在媒体同行之间，记者的警惕性相对更高，因为"同行是冤家"，双方之间的新闻竞争会让记者更多地闭紧嘴巴，但是仍然需要小心谨慎。

无论在中国还是外国，夫妻同行的情况很普遍，有些记者夫妻还是负责同一报道领域的。他们在家里也需要设立"防火墙"，因为很多工作中的话题在家里就变成了敏感话题。

对于内幕信息泄露者，根据《中华人民共和国证券法》规定，应该受到处罚。内幕交易者的行为比较容易判定，泄密行为则很难确定。例如，在打电话过程中泄露内幕消息，取证就很困难。但如果能够确定电话的内容，泄密者就必定会受到处罚。

"无论如何，记者需要善于交流，但要有技巧。"罗什说。

坚持客观与独立

　　我和财新公司现在的不少同事，都是曾在资本市场赢得巨大声誉的《财经》杂志的创办者和早期参与者。出于财经媒体所承担的推进改革开放和市场经济建设的责任，当时编辑部提出了"独立、独家、独到"的编辑宗旨，并且在2009年创办财新传媒后，继续加以传承和深化。这里摆在第一位的"独立"二字，就是明确要求财经报道不依附于任何利益集团、机构或个人，要坚持采访的独立性，力求报道的公正性。

　　资本市场上一向有公开、公平、公正的所谓"三公原则"，报道资本市场的新闻媒体同样有此要求。这意味着媒体对任何被报道方都不带偏见，以公正平衡为准则报道新闻。这并不是一件容易的事情。所有人都有自己的利益视角和诉求，只有深入发掘事实真相，努力客观、准确地反映观点的多样性，才是真正客观公正的报道。

美国媒体有明确的政治导向。比如电视台中，福克斯广播公司偏向保守派，美国有线电视新闻网、美国广播公司、美国全国广播公司等偏向自由派，所以共和党总统特朗普在推特上总是大骂美国有线电视新闻网，表扬福克斯广播公司。

福克斯广播公司在宣传语中用了"Fair"（公平）一词，但无论是新闻报道选题还是政治评论，都有自己明显的偏向。而在美国有线电视新闻网的报道中，尤其在政治评论中，支持自由派的倾向性同样显著。美国总统特朗普则对整个美国新闻界没有好感，不但不出席2017年白宫年度记者会，还通过共和党全国委员会网站发布了一项2017年美国"假新闻奖"的获奖者名单，并自己发推特"广而告之"。

北卡罗来纳大学教堂山分校媒体与新闻学院院长苏珊·金（Susan King）也是自由派，对特朗普总统非常反感。但她也表示，媒体必须要力求公正，评论可以有观点，对于新闻报道一定要秉持客观公正的态度。

"对于新闻事件及相关人士的评论，重点是不能选择性发表。要获得不同的看法和意见，平等地使用，这就是客观公正的报道。"苏珊说。

所谓客观报道，是指记者在进行新闻报道时，对事实的呈现不掺杂个人的主观价值，最终客观地反映真相。对于各类经济热点问题，力求客观描述事实，真实展示数据及相关背景，不进行价值判断及评论。这种看上去简单易行的操作，在实际中却并非那么容易。

比如，资本市场监管几乎人人关心，有的人支持监管机关严格限制新股发行上市数量，从而减少市场供给，保证指数持续上涨，认为这样做就是保护中小投资者利益；有的人则希望监管机关将权力更多地交给市场，让市场自己决定新股发行上市数量，让投资者接受涨跌教训，学会理性投资。持有不同观点的人，对各种政策的解读与判断往往大相径庭。

再比如，尽管财经编辑、记者有一定的经济学基础，但由于自身专业水平、信息圈子、利益关联等原因，对上述问题也往往存在不同看法。一些手中持有股票的记者，希望股市天天涨、月月涨、年年涨，于是对任何增加市场供给、限制市场发展的政策就无法从内心认可，这也可能会影响其报道的公正性。

这种情况在当前中国传媒界经常会见到。市场上对某些媒体就有"多头大本营"或"空头司令部"的说法。一遇到某些关乎特殊利益的事件，更是马上会有不同媒体跳出来发出截然不同的声音。

作为一名记者，尤其是财经记者，面对纷纭跌宕的舆情变化，首先要判断可能的利益方在哪里。无论专家学者、投行人士还是媒体，他们发出的不同观点，是否存在着与自身相关的利益？如果存在这种可能，对这类采访对象和媒体的观点就需要谨慎判断。

以新股发行上市政策为例。在当前市场背景下，限制新股发行上市的数量最直接的结果是可以刺激股市上涨，这对于炒股的人当然是最好的政策。因此谈论这个政策时，需要首先对采访对象进行甄别。某个人或所属机构是否在市场上持有头寸？他的言论是否具有过于明显的倾向性？此外还需要注意的是，市场上涨不仅仅受股民欢迎，还可能为某些腐败官员带来好处。

掌握中国 A 股市场发行上市大权的证监会、股票发行审核委员会（简称"发审委"），就曾经出现过多起官员腐败案件，归根结底都是利益驱动使然。2003 年，在福建企业凤竹纺织上市审核的过程中，证监会发行部发审委工作处副处长王某某竟然私下出卖发审委员名单，后被查出，以受贿罪被判有期徒刑 13 年。深圳证券交易所工作人员、发审委兼职委员冯某某，从 2007 年开始到 2015 年，先后在三家公司上市前绕开监管规定，以别人的名义突击入股，公司上市后出卖股票获取利益，2017 年被处以没收违法所得 2.48 亿元，并处以 2.51 亿元罚款。同时，证监会对冯某某采取终身市场禁入措施。由此可见，从泄露发审委名单到最终投票，公司上市的每个环节都存在利益输送的可能。

这类有利益关联的采访对象非常重要，记者往往可以从与他们的接触中获得意想不到的信息。只是对于他们的观点要全面评估，多方确认，在写作稿件时，要谨慎考虑引用方式。

此外，记者要注意平衡不同的观点，既要报道赞同政策者的观点、论据，也要报道反对意见方的观点、论据。这就是平衡客观的报道。

"这并不是说记者（在报道中）不能有自己的观点、对事情不能有看法，这是不可能的。每个人都有自己的观点，对不同事情有不同的判断和立场，这很自然。但是作为大众传播工具，公开发表的文章如果带有记者自身的观点，就丧失了媒体存在的意义。记者要学会用不同形式展示不同观点，中立、均衡、清晰地解释事件。"苏珊说。

不过也有人质疑新闻写作中的"客观性法则"，认为这会阻碍媒体履行社会责任。因为如果对任何问题都用正反两种声音互相平衡，就看不出媒体对于问题的判断指向，有时还会造成读者的困惑或误解。

"媒体的客观性法则主要是针对信息客观而非观点客观——或者说是哲学意义上的客观。"苏珊的看法是，"美国现在的知名媒体，无论其政治倾向是什么，还都能够做到基本的信息客观。"

持守新闻理念

这里说的"持守"，当然不是简单地指要有一种毅力或者勇气去克服困难，而是特指当记者面对各种攻击和偏见时，一定要能够坚持立场。对于中国的媒体从业者来说，这一点尤为重要。

媒体经常面对偏见，反映在记者身上，就是各种直接的攻击性言论和不友好态度。对此，特别是年轻记者，需要持有正确的态度和把握自己的能力。

在纸媒时代，读者想对一篇文章做出任何评价，大部分是通过信函或者直接上门反映的方式进行。很多媒体也专门在版面上开设相关栏目，例如《读者来信》《编读往来》等。报社、杂志社几乎都设有群众工作部（简称"群工部"），专门处理读者来信、来访问题。媒体对于来信的内容也会有选择地发表或者延伸为报道选题，派出记者深入调查报道。总体上看，这一时期媒体的主动权更大，记者和编辑对新闻报道的控制力更强。

在互联网时代，媒体与读者之间的信息反馈变得更加便利直接，读者可以随意在某篇稿件下面留言，记者、编辑也可以针对读者留言直接做出反馈。很多媒体都会把采编人员的电子邮箱公开，方便读者直接与记者、编辑联系。

这种简便的交流方式，使得长期以来一直以"无冕之王"自视的媒体突然丧失了很多主动权和权威。读者不仅可以随意对报道和观点发表看法，有的还会直接批评，甚至谩骂。

财新公司旗下的杂志和网站曾经在 2017 年发表了一系列关于数字货币的调查报道，一名刚从大学毕业的年轻女记者为了真实准确地了解情况，参加了"币圈"举办的各种会议、活动，采访专家学者及"币圈"精英，掌握了大量一手材料，最后成文的报道揭示了数字货币圈内混乱无序的现状，阐述了可能存在的巨大金融风险，同时提示监管部门应及时加强监管。这些报道也确实引起了监管层的重视，并很快出手整治市场乱象，提示投资者风险。

然而，记者本人却在网络上遭到了大量无端谩骂，多次接到骚扰电话，从质疑报道的专业性、猜忌存在利益关系到直接进行人身攻击。这名记者感到备受打击，想不到"原本是为了保护参与者的利益，提示可能存在的风险，结果却要挨骂"。

类似的情况经常发生。任何涉及股市的报道，一旦对上市公司提出质疑，就会有大批股民冲上来"围剿"，抢占文章评论区。媒体质疑那些明显以拉高指数为目的的政策时，也会有大批股民质疑媒体"看空做空"，直接叫骂。

财新记者多年来在对监管机构的采访中，也经常会遇到某些机构或者企业负责媒体关系人士的偏见。比如，指责"你们是空头司令部"，"你们不会对正面报道感兴趣"，"你们还是不要来参加（活动）了，反正你们对我们有偏见"，等等。

很明显，针对媒体的偏见与攻击都缘于利益。股民担心持有股票下跌，"币圈"投资者担心投资失利，公关人员担心媒体对其所在公司进行负面报道。

财新对于各类所谓"非正面报道"的选题和操作都非常慎重，经常需要准备几个月甚至几年时间。调查记者与编辑会进行大量采访和背景资料的收集、整理、分析工作。

回想起 2014 年的时候，财新记者经过长期大量的资料积累和研究，陆续在《财新周刊》和财新网刊出多篇报道和评论，从不同角度，对声名显赫的安邦保险集团快速发展膨胀中存在的问题提出分析、质疑。所有报道都源于记者深入的采访调查，并根据公开的工商登记资料，整理上百家公司之间的人员关系与股权关系。一组报道参与的记者、编辑多达几十人，相关资料更是数量巨大。专业人士针对安邦财务状况的进一步分析，也是基于这些由记者分析整理出来的公开资料。最终整组报道翔实有力，有理有据，直接揭示了安邦保险存在的问题，也为监管部门提供了风险预警。

这些年，我和同事在很多场合经常会被问到一个问题，很多人认为财新有影响力的报道是因为"背后有人喂料"。这显然是不了解情况。事实上，这些料都是财新记者辛苦工作发掘、整理、核实出来的。当这些料最终受到有关部门重视、对那些"问题企业"做出清理整顿的时候，记者也为众多普通百姓中的投资者规避恶性风险做出了贡献。

现在回到当初的问题——记者该如何面对这些偏见呢？

如果记者坚持了新闻报道的道德规范，对于报道发表后评论中的谩骂甚至人身攻击就不必理会；更直接一点说，就是一笑了之。因为这些谩骂没有任何证据，记者从心理上就应该忽视。

而对于采访过程中遇到的偏见，记者应该努力进行善意的沟通，找到对方产生偏见的原因，理解并直接回应。其实，职场中许多人都是"屁股指挥脑袋"，各种所谓的利益是在不断变化的。记者只要能看清楚对方的真实立场，就可以有效地调整自身战略。事实上，经过 2015 年的"股灾"和 2016 年、2017 年的金融整顿之后，中国的金融监管机构已经认识到独立的财经媒体对于监管的重要性。

与社会新闻不同，财经领域的新闻缺乏直观性，接触的人受教育程度也相对较高，因此直接的谩骂并不常见，倒是会有各种因为利益不同而不同的观点，这种观点上的不同对于财经记者来说算不上什么，但是对财经记者独立精神的质疑确实每时每刻都存在。

对于那些对记者的偏见与质疑，我觉得最有效的办法就是投入新的工作。当你忙着采访、写作、关心新的舆论热点，甚至学习金融知识时，你不会有空去一遍遍刷稿子后的评论，微博、微信上的消息，而对于无中生有的猜测谩骂都会懒得回复。

而对于采访中遇到的那些带有明显偏见的言论和议论，能解释的解释，实在不在一个对话频道的时候，我觉得忽视就好，说难听点，"何必跟他们一般见识"；说势利点，"有什么料赶快说，别耽误我时间"。

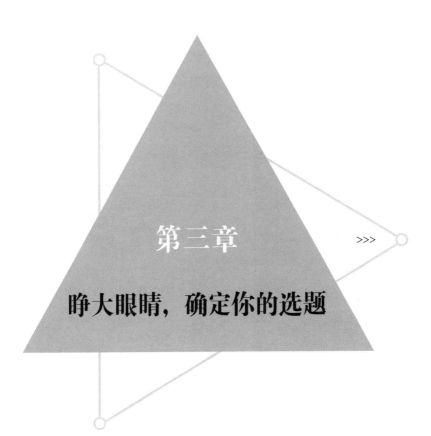

第三章

睁大眼睛，确定你的选题

关注宏观经济

2018 年 2 月 5 日，美国股市出现"黑色星期一"，道琼斯指数暴跌 1100 点，创下 2011 年 8 月以来的最大跌幅。美国总统特朗普 1 月在达沃斯和华盛顿发布国情咨文时大加宣扬的政绩——"股市不断创新高，增加 7 万亿美元财富"——瞬间灰飞烟灭。

"股市暴跌，全球震荡，更说明财经新闻的重要性。"第二天的财经新闻课上，教授卡萝尔·沃尔夫上来就给每个学生发了一本多达 180 页的招股书："今天的任务是看懂这本招股书，找到新闻点，写出一篇 10 段左右的新闻稿。"与罗什教授一样，沃尔夫教授也出身于新闻界，曾经长期在彭博社担任财经记者，擅长从各类枯燥的信息披露报告中找出新闻。

如何从厚厚的招股书中发现新闻点？如何从 180 页的枯燥数据中筛选出重要内容，并向读者解释清楚？

沃尔夫教授首先点出阅读招股说明书要注意的几个关键

点——招股书摘要、所得款项用途、资产债务比例、管理层财务解读和利润表，等等。这些都是需要记者留意，并将关键处拎出来向读者解释清楚的地方。

在财经新闻写作中，不能只是简单通报各类报告统计中的数字，因为这样读起来会相当无趣。一篇好的财经报道也需要找到一个好的故事，比如一个人或者一家企业的真实案例，同时要解释财经数据与日常生活的关系，并把文章写得简单易懂。

沃尔夫教授举例说："一家新上市企业的现有投资人、投行、高管等，对于投资者也很重要。比如投资人，你需要知道哪些人拥有业界声望，以及他们都通过哪些公司对外投资。"

比如，美国经济在2008年和2009年出现衰退时，大大小小的企业都在减少支出、压缩成本。记者这时应该与企业高管交流，听听他们对经济发展以及企业发展的看法与规划。这些都会变成很好看的故事，更是企业的投资人乐于了解的内容。

一般而言，经济增长时，财经记者可以写关于就业、工资水平、投资、行业发展方面的故事；经济减速或衰退时，则可以关注裁员、失业、企业重组、破产等方面的新闻。

但更重要的是，一篇公司报道不能仅注意这一家公司的数据，还要看整个行业乃至整体的经济数据。沃尔夫教授说，"没有一家企业生活在真空中，他们都是互相联系的"。

无论哪个领域的财经记者，都必须关注宏观经济新闻。

21世纪的经济新闻越来越重要，相关性也越来越强。房价下跌、股市大幅波动、银行被政府接管、企业关闭、消费者负债沉重，这些都不是孤立的事件。要清楚地报道这些问题，就需要掌握宏观经济状况。比如，不是简单地谈论失业率上升或下降，而是要把全国性数据、地方性数据与当地的情况进行对比。

一般意义上，在中国值得关注的宏观经济数据主要包括：国内生产总值（GDP）、工业增加值、发电量、固定资产投资、社会消费品零售总额、消费者物价指数（CPI）、生产者物价指数（PPI）的增减变化，以及财政货币利率等金融数据情况。

在美国，财经记者关注的经济指标主要包括消费者信心指数、消费者物价指数、制造业指数、就业情况报告、利率声明、零售业指数等。此外，美国还有专门的出货量、库存、订单数据。如果制造商的新订单正在上涨，很可能会有更多的货物出货，这是经济向好的指标；如果制造商库存水平上升，则意味着销售下滑，这是经济的负面指标。这些信息通常会在固定时间发布，对金融市场影响很大。

"这些数据都来自一线调查，离市场最近。"罗什教授说。

此外，许多研究机构、投资机构的报告也会对经济进行观察预测。美国供应管理研究所（原为全国采购管理协会）每月会发布一份全国性调查报告，即采购经理人指数（PMI），其中考虑因素有新订单、生产、就业、交货和库存。因此，PMI 的大幅走势可能意味着经济的变化。

中国类似的数据来自两个方面：一是中国物流与采购联合会（CFLP）发布的中国制造业采购经理人指数（官方PMI），二是财新中国制造业采购经理人指数（财新 PMI，由英国研究公司 Markit Group Ltd. 与财新合作发布）。

来自非官方的经济监测和调查报告大部分时间与官方的统计数据走向一致，但有时也会不一致，甚至相反，出现相反的方向也许是经济正在发生变化的第一个迹象。

经济学本身不是一门孤立的学科，经济理论经常发出混合信号。因此，财经记者需要清楚地理解每项经济指标的含义，以深刻地理解他们准备撰写的内容。否则写出来的财经新闻也会发出混合信号，这显然不是读者需要的内容。

克里斯·罗什教授举了 2008 年美国次贷危机的例子。当时经济数据大幅下滑，看上去很糟，但是记者应该首先明确，次贷危机的发生是经济衰退的原因，而不是其结果。许多企业和消费者因为过度借贷背负了巨大债务，消费者无力还贷，企业关闭。次贷危机发生的最重要因素，是华尔街出售了消费者购买的房屋和汽车等物品，向投资者大量出售次级贷款证券化产品，完全不考虑这些被证券化的贷款信誉。

"如果财经记者没有理解这个问题，关于次贷危机的报道方向显然不会正确。"罗什说，"经济学家对于当时出现的问题会发表各种各样的观点，发出的信号并不统一。如果记者简单地听信某一些说法，写出的稿件可能也是混乱不清的。"

"'简单'和'解释'，是财经新闻写作中最重要的元素，做不到这一点，读者就不会想看。"罗什说。

从数据里找新闻

做记者最重要的是要拥有信源，所有新闻都不可能是记者坐在电脑前编出来的，都需要有真实事件支撑或者通过采访获得可靠的信息。如今，数据也成为信源之一，甚至不用出去采访就可以找到。

"数据是新闻的另一种信源。"瑞安·索恩伯格（Ryan Thornburg）教授在一次数据新闻的讲座中说。

索恩伯格教授开设了"数据驱动报告"和"媒体经济学"两门课，同时他也是学院里斯新闻实验室的主任，开发了利用数据降低信源成本和提高新闻质量的工具和技术。

现在全球各地无论政府、组织、企业还是个人，每天都在生产海量数据。分析和研究这些数据可以发现大量有价值的新闻，并且以视角独特的报道形式广为传播，这就是当前新闻行业中颇为热门的数据新闻（Data Journalism）。

其实，数据新闻比我们想象中起源得更早。它源于20

世纪 50 年代，美国记者利用大型计算机在政府提供的数据库中分析信息、发现新闻线索，或者利用这些数据发现、拓展报道深度。

数据新闻的操作过程不是一般意义上的新闻采访，记者并不依赖传统新闻实务技能完成采访、调查和文章写作，其主要工作是对数据的整理分析。用数据说话，最直接的优势是可以有效避免记者的主观观点，增加可信度。如今的数据新闻主要来源于对大数据的挖掘与处理，其结果可以通过复杂的、交互式的、动态化的图片和视频来呈现。

索恩伯格教授总结了记者进行数据研究时的几个关键问题：有什么遗失的？什么是正常的？什么是不正常的？原始资料是什么？现在的情况是什么？

"把这些问题都搞清楚后，你对掌握的数据就会有个方向，知道新闻点在哪里，可以从哪里着手整理。"

索恩伯格以彭博社的一些报道为例。"彭博社拥有庞大的财经数据库，你可以分析过去 3 年、5 年或 100 年的股票涨跌情况，随时用一个时间点来进行数据分析，比如特朗普当选、英国脱欧等关键日期，不同的选择会产生不同的新闻解读。这是最简单也最容易操作的。"

2017 年，美国东南海岸的飓风发生后，多家媒体在网络上利用大数据制作了各种各样的新闻。当时的数据新闻包括天气情况、历史上飓风的发生情况、各地受损情况等，媒体将这些数据用谷歌融合图表制作出来，可视性非常强。

索恩伯格说："你可以从图表上直接输入你需要了解的地址，就会出现当地的新闻、图片、视频、动态谷歌卫星实景、损失情况等，实用性很强。这些是一般媒体报道形式做不到的，比起一般的电视和平面媒体报道表现更清晰，传播力和说服力很强。"

美国有一个数据新闻记者联盟，记者可以就某一选题在联盟内寻求帮助，由不同地点的记者协助调查。"大家都在互联网上分享，比如我想分析飓风过后各地对佛罗里达州的捐赠情况，会有各地的数据记者帮忙找到相关数据。"索恩伯格介绍。

大数据还可以应用于为读者提供个性化服务。2014 年，美国的数据博客 FiveThirtyEight 就通过数据分析回答读者提问。此外，通过读者的阅读习惯进行定向新闻的推送，也是数据分析的结果。

根据用户需求提供个性化的大数据服务，将成为未来的发展趋势。专注于此的媒体有一个共性，就是致力于以用户的需求为中心，利用大数据诠释宏观社会现象对用户的影响，或者回答用户困惑的问题。媒体可以精准定位，经过后台计算，按照用户的接收习惯、工作习惯和生活习惯，将特色服务推送到用户眼前。

在国内，财新传媒一直走在数据新闻和可视化领域前列。财新早在 2011 年就开始了数据新闻报道领域的探索，之后持续发力至今，也可谓始终保持着新闻生产的"供给侧改革"；其间，经历从可视化信息图、计算机辅助报道、融媒体报道到大数据新闻，再到数据新闻的商业化尝试，无论是报道形式还是生产方式，都一路在前进中融合，在融合中创新。自 2015 年以来，财新数据新闻团队制作、发布的《周永康的人与财》《从调控到刺激，楼市十年轮回》《像市长一样思考》等作品，先后获得国内外专业奖项。2017 年，《洪水暴至》获得亚洲出版业协会（SOPA）新闻报道创新奖，《移民去远方》等两件作品入围凯度信息之美比赛长名单。财新网也作为唯一的中国媒体，入围由全球编辑网络（Global Editors Network）主办的 2016 年数据新闻奖（Data Journalism Awards，DJA）。

财新的编辑们除了对专业深度报道做出形象化和互动性解读，还会选取一些公众普遍感兴趣的过往事件提炼、制作数据新闻，比如对奥运会、奥斯卡奖项的数据分析，对各种纪念日的回顾与总结等，传播效果甚至超出编辑记者的预期。因为数据可视化所能呈现的已不单纯是简单的数据罗列，而是囊括了数字、图片、视频，从事实描述、逻辑链条、人物关系等方面，使读者有身临其境的感觉。怎样从财经新闻的枯燥乏味中走出来是一个世界性难题，有时要交代清楚一些相对复杂的资金关系，文字记者需要耗费相当多的笔墨，而数据可视化则可以比较清晰地呈现出各种盘根错节的股权关系、交易结构。

下面我们再分享一个从数据里找新闻的经典案例。

谁能想到，在美国西北部免税州俄勒冈州波特兰市郊区一座破旧的住宅里，竟然注册了1300家公司！"这简直是一个世界商业中心。"美国城市商业杂志社驻北卡罗来纳州的编辑招聘和发展主管贝斯·亨特（Beth Hunter）说。他隆重介绍的是《波特兰商业杂志》（*Portland Business Journal*）。这本杂志的记者马修·基什（Matthew Kish）耗费三年时间，披肝沥胆，完成了对上述公司——当然都是些空壳公司——的内幕调查，并因此获得2016年多项美国全国性商业新闻奖和调查新闻奖项。

马修的报道题为《空壳公司游戏》（*The Shell Game*），文章以一个德国移民本特·斯滕博克（Bengt Stenbock）为主要线索展开。斯滕博克于"二战"时期来到美国，在美国军队担任翻译，之后改行在波特兰做了一名保险经纪人。他曾在华盛顿州温哥华创建了一家飞机经纪公司，1982年因毒品走私和电信欺诈被判有罪。再后来，他脑洞大开，搞起了空壳公司生意，通过虚构的人名、不存在的地址、编写虚假合同来获得佣金，先后将 1300 家空壳公司注册在波特兰那座郊区住宅。这样做的主要目的是隐藏资产，从而洗钱、逃税，甚至资助恐怖组织。

1995 年，联邦调查局开始大规模调查斯滕博克和他的公司，但由于注册程序仍属合法，相关涉案人员并未受到刑事指控。这次调查显示出俄勒冈州在法律和执法方面的漏洞。当时的研究表明，美国在消除滥用空壳公司方面相对落后，而俄勒冈州是纪录最差的州之一。

马修在得知上述线索之后，决心把这个毛线团一般的故事讲清楚。由于相关的文件并未公开，他于 2012 年开始通过公共途径向联邦调查局申请获得文件。联邦调查局在 31 个月内，分 5 次发布了超过 1700 页文件，内容非常庞杂，涉及"成千上万的受害者"和"数亿人的欺诈行为"。

面对上千家匿名公司与个人，马修需要有足够的毅力和决心，以及对公共文件的深刻理解，才能从中找到相关联的线索，并有逻辑地组合起来。他通过不同渠道一一查找这些公司的注册记录、执法文件和民事诉讼文件，重新联系，还原其中的链条，三年之后完成的报道展示了这家"空壳公司运营商"的来龙去脉，以及它给全球经济带来的影响。

最终的报道采取了多媒体组合方式：一篇刊发在杂志上

的深度报道、一篇未出现在杂志上但刊登于网络的解释企业保密问题的文章、美国前参议员卡尔·莱文的答问以及记者本人的采访笔记、一则讲述空壳公司工作原理的音频，以及一个专门的数据页面，用于记录 3 年来报道中所有的数据和内容来源，包括联邦调查局文件、民事诉讼文件、警方报告和监管投诉。

2016 年，揭露空壳公司的报道在美国大量涌现，包括著名的"巴拿马文件"。巴拿马文件是指，2016 年 4 月国际调查记者联盟公布的一份调查报告，涉及 1100 万份机密文件，揭露巴拿马一家律师事务所协助客户洗钱、避税及躲过制裁，全球多位政商名流被卷入其中，引发全球震动。白宫发表声明称将堵住匿名在美国注册公司的漏洞，推动立法，同时要求银行、券商和其他金融机构必须知道并持续追踪账户的实际拥有人。

2016 年 1 月，俄勒冈州宣布将全面立法，解决空壳公司泛滥问题，扭转 10 年来政府不作为的被动局面。2017 年 8 月，俄勒冈州州长凯特·布朗签署了一项法案，限制空壳公司的组建和运营。

"马修看上去不是一个咄咄逼人的人，他的特长是很善于研究问题。"贝斯说。他还举了马修的关于耐克的报道的例子，马修在认真研究了耐克公司的财务报表后，发现耐克公司连续多年销量大幅提高，但利润并没有明显提高，从其他费用上，也没看出原因。"一般情况下，上市公司不愿意回答媒体的各种提问，但马修写出的稿子，让耐克主动来联系他，愿意回答他的问题。这是耐克第一次主动联系记者，因为马修认真研究他们的财务报表，这很重要。"

在冷门中发现热门

在新闻人眼中每天热点频出，记者们常常被热点撵着跑，又不得不追着热点跑，感慨"没有自我"。那么，记者到底如何在身陷热点中实现自我呢？

所谓热点新闻，就是大家都关心、媒体都报道、社会都关注的新闻事件或者信息，热点新闻的最大特点是"转移快"。

在北京，每周五下午 4 点 15 分是中国证监会例行新闻发布会开始的时间，发言人主要回应该周证券市场上的热点，同时也可能披露一些政策或消息。会前记者们都希望撞上一个大新闻，却都不知道会听到什么，即使准备了一肚子热点想要提问，也很可能没有机会提出或者得不到答案。但职业使然，日复一日，发布会一开始，各种各样的热点不断冒出，记者必须快速转换思路到新热点上。

媒体人之间的竞争压力在互联网时代表现得更为明显。

昨天大家还在激动地讨论银监会与保监会的合并，微信朋友圈各种文章刷屏，今天热点又转换到了资管新规，紧接着可能又是中美贸易争端，热点频繁变化。

在美国也是如此。佛罗里达州校园枪击案发生后，大家都在讨论控枪，各类专家、学者、官员频频发言；话音还未落，政策也没说法，特朗普又宣布要与金正恩会面，报纸、电台、电视台马上转向外交政治话题，相关专家学者又出来发言。紧接着又是美国国务卿辞职、制裁中国企业中兴等，新闻热点不断转换。

热点当然要追。媒体在热点话题上不投入、不关心，在热点话题上阅读量落后于其他同行，就意味着阵地失守，财源断流，这是媒体非常看重的数据。

但编辑、记者们也十分清楚，热点新闻通常都很短命。为了防止漏发重要新闻，各路媒体一般都采取分兵把口的策略，对于专注于某一报道领域的记者来说，不是满眼热点就是找不到热点，不是挑战太大就是完全没有挑战。遇有重大热点新闻还需要编辑部出面投入大量人力物力，但最终在报道影响力上斩获如何，其实难以事先知晓。比如灾难性事件报道，采访过程中随时会出现各种棘手情况，最终可能无法达到预期的报道效果。也有的热点新闻扑上去才发现缺乏进一步深掘的必要，记者简单采访写作就可以交差。这两种情况都会让记者缺乏成就感。

热点新闻万变不离其宗，我大致将其分为两类。

一类是天生具有公众普遍关心意义上的热点属性的新闻事件，比如校园枪击案，中美政治、外交事件等。面对这类话题与事件，记者必须紧跟并继续发掘，长久跟进。

还有一类热点新闻是由记者投入较多时间、精力调查后所得，在恰当的时机发表了恰当的文章，一时成为舆论关注的热点。财新传媒对中国部分保险公司的报道，便是典型一例。从 2014 年起，财新开始持续对安邦保险、生命人寿保险等多家保险公司进行报道，从对这几家保险公司激进经营的报道，到其在资本市场大手笔收购的进展，多篇报道揭露了部分保险公司沦为权贵提款机、保险监管部门不作为的事实，到 2018 年引发了中国金融监管领域的全面改革，保监会主席落马被调查，监管机构合并。

财新传媒对这些保险公司违规行为的报道并不属于市场热点，在最初采访与写作过程中，因受到各个方面的阻力及持续施压，每篇报道出来也鲜有其他媒体跟进，不过随着事件的不断发酵，其影响力最终证实了这一系列报道的价值。

在美国新闻界，每年一度分量最重的普利策奖也往往颁发给非热点新闻作者。2017 年的调查性报道奖授予《查尔斯顿宪邮报》(the Charleston Gazette-Mail) 的记者埃里克·艾尔（Eric Eyre）。普利策奖评委会指出，艾尔在报道过程中以十足的勇气对抗强大的对手，最终揭示了类鸦片药物是如何流入西弗吉尼亚各县，导致美国最高的药物过量死亡率的。

公共服务奖授予《纽约每日新闻》(New York Daily News)与独立新闻编辑部 ProPublica（为了公众），记者萨拉·赖利（Sarah Ryley）报道了警方滥用驱逐权，任意驱逐上百名公民的现象，这些人被驱逐的原因不是因为他们的身份不合法，而是因为他们大多数是贫穷的少数族裔。

突发新闻报道奖授予加利福尼亚州奥克兰《东湾时报》(East Bay Times)的全体职员。他们积极投身于"幽灵船"仓库火灾事件的报道，追踪了这场导致 36 人死亡悲剧的背后原因，指出地方政府未能采取有效措施预防灾难发生。

回头来看，这几起事件可能一开始都没有作为热点新闻引起足够重视，或者属于那种转瞬即逝的新闻事件，但是记者之后的深入挖掘和调查，成就了意义非凡的报道。

或许很多记者会说，每天被迫追踪热点新闻，难以有足够的时间和精力去挖掘其他话题。这就涉及编辑部门对记者工作的安排。

无论中外，大部分机构媒体会按照不同的报道领域，按照条块分配记者的工作。目前国内财经新闻媒体内部，常分为金融记者、债券记者、股市记者、银行记者、保险记者等。国外的一些大型专业财经媒体编辑部费用比较充足，更会对每个领域进行进一步细分，比如某个记者负责某几家银行、投行等。总体而言，记者负责的领域越广，有机会开展独立研究和调查的时间就越少。

不过，很多媒体会更加灵活地调配记者的工作内容和方式，比如由老记者带领新记者负责一些领域，简单热点新闻由新记者负责，老记者则有更多时间深入调查采访，从冷门题材中找到重要新闻。

对于新记者来说，努力覆盖新闻热点绝对是一项有益的工作，虽然可能难以短期内成名，但是对于快速熟悉行业、了解背景、建立关系等都是不可多得的好机会。

当踏进一个过去未曾接触过的采访领域时，新记者往往一头雾水。其实，找到新闻点的一个简单窍门就是研究旧闻。业界有言"昨日的新闻就是今天的历史"，与此前一直在某个领域深耕的记者聊聊，看看老记者的过往报道，甚至比较同一个题目、针对同一个数据去年发布的报道，都能帮助新记者发现新闻点，或者能够从中找到简单易懂的写作手法。

另一个窍门是寻找热点中的冷门。比如，一家新公司或一种商业模式兴起，往往意味着旧有模式的死亡。了解旧模式如何应对失去的市场份额，揭示其转型、固守、裁员、破产等，往往会很有卖点，尤其是"巨星陨落"的故事；反之逻辑也成立，那就是"新星升起"的故事。

最后，追踪行业巨头。这会让记者快速找到大部分头条新闻的消息来源，以及需要建立长期联系的采访对象，甚至"深喉"。

看懂财务报表

　　财务数据是财经新闻中最重要的元素之一，懂行的人看得兴高采烈，满眼都是新闻金矿；非专业人士则看得云山雾罩，恨不得直接跳过。

　　对于财经记者来说，获取财务数据的本领很重要，但是更重要的是明白数据在说什么。现在大部分财经记者都是边学边干：学新闻的一边采访财经人士，一边恶补财经基本知识，一开始写出来的稿子很难被专业人士认可；学金融和经济的记者则陷入专业知识难以自拔，写出来的稿子不但普通读者一头雾水，专业人士也不爱看。编辑人员此时就具有非常重要的作用。

　　要让非财经教育背景的记者准确理解专业知识，让非新闻专业出身的记者把复杂拗口的金融词汇变得明白晓畅，绝非一日之功。很多机构媒体都寄望于通过集中业务培训收到满意效果，仅以我切身感受来说，对于记者而言，恐怕很难有切中要害的培训。新闻是每天不断发展变化的，在那些基本的采访写作规范之外，都是大量知识和经验的积累。希望通过媒体组织的培训迅速提高水平，基本是不切实际的幻想。

那么，记者究竟怎样才可以感受到自己能力的提高呢？

首先，就是多读多看。

"如果你负责消费类新闻报道，就需要了解相关的企业，而且要做到足够深入。1996 年我去采访家得宝公司（Home Depot，美国知名家居连锁企业之一）的首席执行官，在见面之前我把这家公司 20 多年的财务报表都认真看了一遍，这对我的采访非常有帮助，使我能够准确理解这家公司的发展情况、战略变化等。"罗什教授一次在课堂上说。"此外，我还研究了劳氏公司（LOW'S，美国知名家居连锁企业之一）的财务数据，因为他们是竞争对手。"

其次，要学会解读数据。

正确理解公司或监管机构新闻稿中的内容是非常重要的。一般来说，面对这些材料时最困难的事情，是把各种报表、数据翻译成一般读者可以理解的故事，包括上市公司首次发行上市招股说明书、年报、半年报、季报、临时报告等。几百页的招股书、年报，很少有人有兴趣完全读完，但记者要迅速找到这些重要报告中的关键点，再进行对比分析。

上市公司的报表中，摘要、资金用途、资产债务比例、管理层财务解读和利润表等，往往掩藏着一些重要信息。报表中的机构投资者名单、投行名单、高管背景介绍等内容也可以透露很多信息，不过这需要之前的充分准备和积累。

这些财务报告都是由律师、会计师、投行人员撰写或批准的，遍布专业术语，对于一般读者来说很难正确理解。更何况这些专业人士也会用术语来掩盖或隐藏真正有价值的信息。

比如，一家公司说可以向股东发放每股 0.40 元的半年分红，较去年半年分红提高很多，一眼看去仿佛业绩很不错。但记者查阅去年年报数据可能会知道，这个美好的半年分红是建立在去年年报不分红的基础上的。公司业绩并未有所提高，只不过是公司调整了分红时段。

再比如，一家公司为其新产品的发布准备了一系列热闹的宣传广告活动，但这背后隐藏的是公司整体战略的调整与变化。公司在公开资料中不会主动说放弃哪些领域，记者只有充分了解该公司，才能找到真正的写作方向。

再次，要能从材料中找出问题。

许多记者只是简单地复制粘贴他们被告知或读过的相关材料。这些材料孤立地看，陈述的都是事实，但是由政府机构、研究机构或者企业提供的，本身就可能存在各种各样的问题，比如立场是否中立、数据采集是否合理、用语是否专业等。财经记者需要理解材料，提出有针对性的质疑。

当然也有很多时候，记者并没有充足的时间研究和质疑。毕竟编辑部的截稿时间如同一座大山，丝毫不可撼动，写哪些、弃哪些就十分重要。当一个记者不完全了解编辑意图的时候，很可能陷于材料中而并不清楚自己在写什么，这时仓促上阵则会事倍功半，甚至报道出现偏差。

财经新闻的资源渠道很多，大部分是可以公开索取的基本资料，例如公司新闻稿、监管机构发布的新闻稿、公司向交易所监管部门报备的材料数据公告，或者法院诉讼，或其他法律文件等。

另有一些精彩的财经新闻来自记者、编辑长期的观察分析，吃透一个行业的经济数据，或者跟踪某家公司几个月或几年的时间，于扑朔迷离中发现重大的新闻点。这类新闻除了要求记者、编辑花大量的时间阅读和分析财务数据，往往还要靠团队从多个方向协同作战。这对于新记者而言是可遇而不可求的事，也不宜成为唯一关注和投入的目标。

对于新记者来说，写好日常的新闻报道或者说"站岗稿"更为重要，这是未来写出重磅稿件的基础。这里再就财经新闻中有效、正确地使用数字多啰唆几句。

第一，要准确理解数据，不出现偏差。例如，将一个企业第二季度的盈利增长与第一季度的盈利增长进行比较是无效的，季度收益可能由于各种原因而波动。例如，可口可乐在每年的第二季度和第三季度收入一般都很高，因为天气热，消费量大。因此，将第一季度的收入与上一年第一季度的收入进行比较才是有效的，因为在季节因素上是一致的。

第二，要谨慎使用数据。复杂冗长的数据最容易让读者厌烦，它可能掩盖真正有价值的信息。如果一篇关于公司收入的新闻需要大量的数字来描述，应该确保这些数据被充分解读。也不要把同类数字放在同一段。每个数据背后都有一个故事，解释这些数据的变化，才能给读者讲明白数据的含义。例如，对于酒类公司营业额的分析不能单纯进行对比，还要综合考虑包括季节、地域、库存、消费习惯等方面的因素，对不同的市场需要有不同的分析。

第三，要避免术语使用过多。例如，某企业"剥离资产"实际就是出售资产，某企业的市值就是在市场上的卖价，不必用专业词汇来修饰遮掩。过于专业的术语加上复杂的数据就会丧失读者，记者一定要想办法从这个窠臼里解脱出来。

第四，就是要强调职业道德。记者往往能够先于其他社会群体获得宏观经济数据或上市企业数据，这些数据都属于内幕信息，对于市场可能产生直接影响。因此记者自身的职业道德极为重要，既不能违规将这些数据用于个人投资，也不能违规透露相关信息。

丰富信源

无论什么领域的记者，只有找到信源才能够找到新闻。高级别、高水平的信源往往会带来具有冲击力的新闻。

优秀的财经记者会努力拓展信息来源。这意味着离开办公室和会议室，与熟识者或陌生人一起交谈会面，地点可能是地铁口、快餐店、街角的报亭、写字楼大堂；时间可能是午后、饭点、航班起飞前，公司下班后；方式可能是面晤、短信、电话、视频；对方可能是你托亲拜友、死缠烂打才获准谋面的企业高管，也可能是通过谷歌、百度终于在某个页面找到联系方式的案件知情人。总之，形形色色独特而不寻常的人，在明处或暗处可能会向你吐露些什么，你则期待着这一趟千万不要白跑……这也是媒体办公室大白天经常空空荡荡的原因。

诚然，互联网时代的人际关系早已改写了媒体人的工作方式，信息来源如今变得多种多样，唯一不变的是人与人之间的信任关系。一名记者只有与他的采访对象建立起互相信任的良性互动关系，才能源源不断地获得有效信息。

与公司高管建立这种关系是财经记者通常获得信息的关键。有时无须通过公关人员就可以接触这些人，一些高管很喜欢与新记者打交道，乐于帮助新记者了解公司的运作方式及其策略。记者们应该充分利用这些资源。

一些顶尖财经记者往往能够与他们所报道领域的高管建立起非常密切的关系。例如，美国福克斯商业网络的查尔斯·加斯帕里诺（Charles Gasparino）与贝尔斯登前首席执行官吉米·凯恩（Jimmy Cayne）经常共进晚餐。但是，过从甚密的关系也会引起媒体对其报道是否公正的质疑。

公司内的其他信息来源可能更重要。与公司的中下级员工沟通，往往可以让财经记者更加及时、准确地了解公司内部的运作情况。这些员工虽然不会出现在电视新闻中，但他们是真正给首席执行官提供战略及想法的人。他们还非常了解公司内部传播的各类信息，能够收到来自高管的内部通信或电子邮件，这些都是非常具有新闻价值的信息。

公司的前员工、前管理人员以及前董事会成员通常也很有采访价值。虽然他们可能不知道公司最新的信息，但是往往与现有员工保持联系，关心公司现状，加之新的从业背景，可以提供不同角度的看法。

除了这些公司的直接关系人，报道一家企业时记者还可以寻找其他信源。

其一，收入来源的知情人。一家企业如何做生意、供应商是谁、销售商是谁、削减了哪些成本、提高了哪部分收入等，读者会对这些幕后故事感兴趣。比如，供应商可以告诉记者这家公司是否是一个信誉良好的商业伙伴，是否有更大的进货、销售安排，是否抗拒价格上涨，是否能够及时支付账单等。

其二，行业分析师和投资者。某些特定公司或特定行业的分析师通常非常了解企业，熟悉企业的战略，甚至知道企业正在运作的一些并购重组活动。机构投资者也同样了解情况。但对于这两类采访对象来说，他们提供的信息需要谨慎对待，因为他们有自己的利益在里面，因此需要记者进行甄别。

比如，为投资银行工作的卖方分析师很喜欢推荐某家公司，这样投资者就会通过投资银行购买股票，分析师也会从中获得绩效奖励甚至分取交易佣金。大型机构投资者则经常利用市场消息买卖或卖空，他们与记者的交流很可能包含其他目的，比如希望记者传播某些信息。

其三，竞争对手。所有企业都面临竞争，都存在各自的竞争对手。虽然他们在公开场合不会评论对方，但是他们对自己的竞争对手十分熟悉。因此，在 A 公司谈 B 公司，找 B 公司谈 A 公司，很多时候会获得意想不到的收获。但需要注意：一要客观公正，二要保护信源。

其四，一些行业协会、大学教授、会计师、律师。他们也是记者获得信息的有效渠道。有的事情在行业内、研究界和投资界的看法可能完全不同。尤其是那些专业性强的企业，阅读行业通讯或出版物是快速掌握行业情况的有效法宝。行业出版物通常涵盖只有行业内人士关心的深奥材料，有时会在大众媒体报道前的几个月就揭露某一重要的主题或问题。

另外可以试试寻找主业不同的专家。像大多数学科领域一样，财经新闻在种族或性别上并不多样化，尝试多接触女性及少数族裔专家，可以让读者看到不同的观点，真正丰富报道。

其五，身边的普通人。你生活中的朋友、邻居和熟人都是挖掘故事想法的重要来源，特别是那类每天与消费者互动的公司或行业，普通人可以讲述他的体验：是否对购买的产品和服务满意，有什么特殊体验等。此外，他们经常在聊天中提供逸事趣闻，这些会大大增加报道的可读性。

其六，旧闻也是不可忽视的信源。有些故事会重演，比如有关上市公司年度会议的财务数据。阅读旧闻可以让新记者了解过去的报道角度，而老故事也可能直接成为新故事的基础。这一点看上去简单容易，真正做到的新记者却不多。他们往往被日常琐事缠身，热衷于面对面直接采访，殊不知阅读旧闻其实也是事半功倍、快速提高影响力的捷径之一。

在中国报道财经新闻，还有一个关键信源——政府工作人员。对于热点问题、敏感问题，新闻记者需要与政府部门的高官和内部人员建立互信关系，充分理解政府部门对待各类问题、出台各种政策的背景和时机、乐趣和苦衷，等等。虽然他们吐露的内容很难以直接引语的形式运用到新闻报道中，但是对于确认一些重要信息，以及把握整体报道的角度和基调都有重要帮助。

任何行业都有一个核心圈子。做财经记者时间长了就会发现，无论发生什么新鲜事，这些人都在里面；就算有新人加入，也会有朋友立刻能联系上。你与任何陌生人的间隔不会超过六个人。

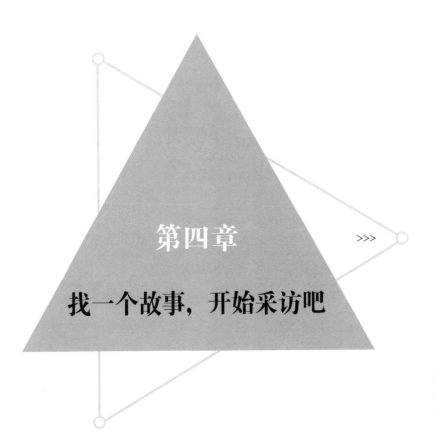

第四章

找一个故事，开始采访吧

从一个人开始：圣诞大餐的惊喜

圣诞假期来临，罗什教授给大家布置作业，要求每人就圣诞节题材写一篇财经报道。

新学期伊始，同学们兴致勃勃地返回校园。罗什教授一一点评，表扬汉普顿的稿子写得最好，"有故事，商业色彩也很浓厚"。

汉普顿的作业缘自对一家有机火鸡场的采访，讲述越来越多的人不再从大型零售商购买冷冻火鸡，转而购买周围有机农场饲养的火鸡。

"你是怎么想到要写这个内容呢？非常有趣。"罗什教授问。

"因为我妈妈说要做一只不同的火鸡，我觉得这个故事既非常有趣又充满了商机。"汉普顿回答。他的文章不长，讲述了妈妈给家人的圣诞大餐惊喜，也采访了农场主关于火鸡饲养、销售等方面的内容。

罗什教授说:"大部分报道都要找到一个故事主角,一般是与报道相关的人物。"

他自己在彭博社担任财经新闻记者时,也曾写过圣诞节新闻。与中国春节、中秋这种传统节假日一样,美国记者圣诞节前的采访年年有,年年写,除了拿到各大零售商的销售数据外,还要变着法儿把稿子写好看。为此,他采访过节前最后一刻购买圣诞礼物的人、节后垃圾回收车收集礼物包装盒的人、为下一个圣诞做准备的人,不一而足。

"其实大家对商业企业的销售数据看看也就过去了,但是对故事中的人物却都非常有兴趣。稿件发表后得到的反馈,很多都是在谈论这些人。"罗什说。

英语里有一个单词,专门用于新闻时大家都十分熟悉,即"story",这说明新闻应该是真实的故事。每个人都爱看故事,对日常生活中的人、物、事更有兴趣。财经新闻也不例外。

财经报道中对数字、趋势等方面非常重视,这本身就是新闻点,由于其专业性,记者也把主要精力投入到这些专业难懂的话题中。但是,这样的报道通常缺乏可读性,无论专业人士还是普通读者都经常半途而废,最后脑子里只剩下几个关键词句。无论何时何地,民生、时政、文娱等新闻的阅读率远远高于财经新闻,而且这些读者的层次并不低,原因就是里面有故事。

因此对于财经记者来说，一定要先在新闻中找到一个故事。故事本身不一定是新闻点，甚至与新闻事实没有直接关系，它的作用就是引起读者兴趣，让人愿意读下去。

美国媒体有个约定俗成的规则，即新闻报道的第一段基本都会出现人物。无论是作者还是事件的主角、配角，这个人物的故事会贯穿整个报道。

"只有人与人的联系是最能吸引读者的，这个人可以是新闻主角，也可以是新闻配角，甚至可以是作者本身。"卡萝尔·沃尔夫教授在课堂上举出几个范例，包括彭博社报道的2016年可口可乐公司年报数据、路透社对玩具反斗城（Toys "R" Us）破产的报道、纽约时报社对人工智能技术的讨论等。

彭博社对可口可乐年报的报道全文一共有九个自然段，从第二段起，全部是各类财务数据，从营业收入、每股利润到各区域市场的业绩等。但文章第一段描述了董事长兼首席执行官穆赫塔尔·肯特（Muhtar Kent）在2016年获得的薪酬与期权情况——同样也是数据，但是因为有人物和收入这两个热点，读起来就很有趣。

路透社关于美国知名玩具公司玩具反斗城破产案的报道，则通篇充满了故事。文章一开头，描写了几位消费者前往即将关闭的门店抢购折扣商品的场景，接着说明了商店员工的离职与补偿情况，最后才引入整个破产计划作为文章的主体。鉴于破产计划相对复杂，投行在其中发挥很大的作用，报道主体内容的专业性其实很强。不过，文章最后又附上一个表格——即将关闭的门店地址和打折信息。无论多么高大上的财经报道，都需要关心普通人的生活。

纽约时报社对人工智能技术的讨论，更是全程以作者的儿子及采访对象孩子的未来职业规划为主题，文章通俗易懂，虽然篇幅长，但是读起来丝毫不费力气。

"用人物故事做开头是很多媒体对写作的基本要求，财经新闻也不例外。不要把财经新闻看得多么高大上，没有人的新闻，也就没人看。"沃尔夫教授说。

但是对于财经记者来说，找到一个你所期待的新闻故事主角并不是非常容易的事情。财经新闻牵涉利益相当广泛，很多被采访者甚至不愿意实名作为信源出现。这个问题在中国尤其突出，财经新闻报道中的大量信源无法公开。那么找什么人做文章的主角呢？

财经不是一个独立存在的领域，财经话题会融入各个生活领域中，教育、健康、旅游，甚至婚姻、家庭，或多或少都与金钱相连。

故事中的人物选择很多，最便利的是记者本身。当然，记者要让自己成为故事主角，就需要真正让自己进入故事。

比如报道数字货币、区块链、股票市场、黄金市场等新闻时，可以自己作为投资者参与交易，真正感受市场脉搏，前提是遵守新闻从业者职业道德。美国媒体的规则是记者只可买一股股票，同时向主管编辑报告。作为投资者，记者可以参加股东会，从而获得各种信息。

还有一种人物是记者可能没采访到但仍然成立的主角，那就是企业的高管。这类人物属于公众人物，公开讲话、露面机会多，资料相对丰富，与其相关的企业发展过程中的情况也常被报道，人物跟企业之间的联系比较清楚。如果记者能采访到高管本人当然最好，写作时会更加活灵活现；即使采访不到，能采访到与其相识的人也可以增加一些信息，包括企业的公关人员、其他员工等。写这种故事主角不需要像写小说一样，有场景、穿着，甚至表情、心理活动，更多的是用人物作为线索来贯穿新闻，再用时间、地点等信息增加报道的可读性。

此外，很多普通人也完全可以作为故事主角。物价、油价、房价等关系到日常百姓生活的数据，记者身边的每个人都会有精彩的故事。

美国 2008 年经济衰退时期，企业大量裁员，很多新闻报道关注失去工作的人，也涉及很多银行被接管的案例，以及一些银行高管在这次金融危机中的种种表现。现在看来这些都是优秀的故事。

读者往往更愿意倾听财经新闻背后人的故事，这与枯燥的统计数据、报表形成了鲜明的对比。人们愿意知道究竟是什么原因成就了成功的商人，以及他们如何成功克服困难。

"商业事件都与背后的人有关，每个人都有自己在这条道路上的故事，这些故事真的很精彩。"罗什教授说。

引入人物之外，细节也很重要。例如，前面说到的彭博社对可口可乐公司2016年年报的报道中，加入了公司第一大股东巴菲特对可口可乐的评价，以及一个标志性细节——最爱樱桃味可乐。在公司的市场开拓方面，彭博社特意描写了中国的年轻人在大商场里端着奶茶的情景，以解释可口可乐在亚洲市场销售大幅下滑的原因。

在对财经人物的采访中，细节也是非常重要的采访内容。

"一般情况下，你可能有机会进入公司高管的办公室，这时就要注意观察办公室的布局、装饰，挂了哪些画，用了哪种色调的地毯，沙发是什么风格的，办公桌上摆了谁的照片，等等。可能这些高管不会亲自进行设计布局，但是他会做出最后的选择和决定，因此这些内容很能够说明这个人的性格、爱好等问题。"沃尔夫教授说。

在中国，办公室的布局更有讲究，尤其是投资机构大佬的办公室，不仅要高雅美观，还要吉祥。

财经记者还经常有机会与公司高管一同进餐，此时采访对象的穿着、谈吐、饮食习惯，都可以成为文章中有趣的细节。

英国《金融时报》有个栏目叫"与FT共进午餐"，当然内容重点不是评论美食，而是由编辑、记者邀请热点财经人物，讨论当下读者关心的热点财经话题。共进午餐只是一个噱头，但文章里也会描述采访对象的动作、言谈、饮食偏好等细节，很生动有趣。

"各种各样的细节可以使报道更加生动。也许财经数据大家讨论两天就忘了，但这些细节会成为经典，读者以及采访对象都会反复提及。"沃尔夫教授说。

她建议："每个财经记者在动笔之前都应该想：我的外婆会想看这篇稿子吗？怎么能让她看得懂？"

财经报道中引用数据多，专业名词多，这会让初出茅庐的记者特别有成就感，仿佛"自己也化身为专业人士"的满足感非常强烈。长此以往，越追求进步、不断上进的记者，知道的专业术语越多，各种行话甚至业内的俚语也就张口就来，比如基金中的基金（FOF）、中投、麦子店高盛、最大的货基……

"这完全是自娱自乐，自我迷惑，"沃尔夫教授说，"真正有本事的财经记者不会用特别多的数据来表述事实，而是把各种关键财经数据、名词都用普通人听得懂的话解释清楚。"

一般情况下，美国媒体都有专用的编辑规范或手册，要求在某些专业名词后面做出解释，包括业内通行的简称、缩略语等，比如什么叫卖空、什么叫返售，专业人士可能一看就明白，但是普通读者并不清楚，或者可能理解不准确。因此每次在文章里出现这种专业名词，都会紧接着进行解释。

"记者真正的功力不是去把教科书上的定义抄一下，而是要把这个内容用浅显的语言说明白，要真正做好并不容易。"沃尔夫说。

观察与描述：博物馆里的新闻课

我们曾经上过一堂特殊的财经新闻课，地点是在北卡罗来纳大学教堂山分校的艺术博物馆里。

博物馆上午 10 点开门，作为提前预约的参观团体，我们 9 点半就进场了。我原以为这里会有什么古代金融史或珍藏着历史报刊之类的展厅，结果发现这真是一个纯粹的艺术博物馆，到处是瓶瓶罐罐、绘画和雕塑。

财经新闻课为什么会选在艺术博物馆呢？

博物馆的研究员简（Jane）是我们今天的老师，她说许多学院都会来这里上课，内容各有侧重，尤其是新闻学院每年都会来。

她首先发给每人一个硬文件夹、一张白纸和一支铅笔，把我们分成两人或三人一组，每组人再分为两种角色：描述者与绘画者。描述者面对选定的一件展品，要求在 10 分钟内，把你看到的作品用语言描述出来；绘画者与描述者背向而立，根据描述者提供的信息绘出一幅图画，在这过程中他可以提问。

第一轮，我是绘画者，队友先说："一个十字架，就像《圣经》上的十字架；右下角有个圆，圆上有一些图案，类似教堂里的各种图案。"我反复确定了大小方位、图案的细节等问题后，完成作品。回头一看，吃了一惊，十字架上有耶稣，而我却没画。

第二轮，换成另一个队友描述。他居然上来就让我们提问，而不进行任何描述。于是，我们在大脑一片空白的情况下，就物品的形状、大小、用途、颜色等提问，这位描述者也是惜字如金，简单回答，不愿多说。根据他的答案，绘画者最终的作品与真实的图片大相径庭——我画的是一个大号陶罐，细口大肚，另一位则画成了一个大脸盆。

接下来是讲评。简这时提出几个问题：大家是如何完成绘画的？有没有完全无法根据描述完成的，或者最后的结果差距比较大？好几个组立刻举起手。

简在看了几组作品后，提出几个需要特别注意的要点。

第一，需要先进行基本客观的描述，包括形状、大小、类别。描述要相对准确，虽然没有尺子去量尺寸，但可以在两人共同的视野范围内找到坐标去对比。

第二，由于两人是背靠背坐着，左与右的方位定义不同，需要准确描述。

第三，需要全面考虑合作者的文化背景、专业知识水平等因素。简特意指出我没有画十字架上的耶稣，显然是因为绘画者并非信徒，对十字架的理解与熟悉程度完全不同于信徒。

第四，绘画要真实准确，不能自己随意添油加醋，添加个人观点。

第五，要注意描述细节，这对最后的作品质量将很有帮助。

站在一旁的卡萝尔·沃尔夫教授这时笑眯眯地说："大家明白为什么要来艺术博物馆上课了吗？这些就是财经新闻的写作要求。"

新闻采访涉及各种各样的角度与看法，尤其是财经新闻，不同角度与不同观点会得出全然迥异的结论，极容易误导投资者。因此，记者必须尽力做到客观和全面。

课程的最后五分钟，简带领大家来到一幅巨大的展品前，请大家描述。同学们按照刚刚总结出的关键词，就大小、形状、颜色等一一描述。简请大家走近些，再描述一轮，大家就又添加了绘画风格、创作年代等评论。

最后简说："难道你们都没有注意到这幅画是一件印刷品吗？"

无论你自以为看得多么仔细，总难免会有遗漏或盲点。尽可能尝试更换不同的视角观察，是解决这一问题的有效办法。

深入本质：模拟炒股大赛

　　财经新闻记者要真正懂市场，最简单有效的办法就是参与进去。

　　为了让大家体会这一点，罗什教授组织班上 15 名学生展开了一次模拟炒股大赛，并宣布期末考试是写一篇 2000 字的论文，要求大家分析自己的股票投资情况，以及为什么这些股票在这学期里上涨或下跌。

　　学生们需要根据学期中讨论的许多经济因素和措施来写这篇论文。例如，当美联储提高或降低利率时，可能会对银行、金融服务公司、房地产公司的表现产生哪些影响；消费者信心指数则可以作为汽车和零售行业未来销售情况的晴雨表。

　　此外，学生还要在三个固定日期分别提交三份 1000 字的投资报告，分析经济形势与自己投资的情况。如果其间调整了投资与买入卖出，也需要特别写明原因。

按照罗什教授的要求，每名学生有一个模拟的1万美元账户，可以投资5只股票，配置由学生自己确定，投资时间为三个月。5只股票必须是纽约证交所或纳斯达克市场的挂牌公司，可以包括但不限于以下行业：汽车、制造、工业；包括保险在内的银行和金融服务；房地产；零售，包括餐馆；医疗保健，包括制药公司和医院。

在投资过程中，学生可以查阅任何信息，或与包括股票经纪人在内的任何人进行协商。这些股票必须被广泛持有，在纽约证券交易所或纳斯达克交易所进行交易。

模拟炒股规则还特别强调，不能投资低于1美元的"仙股"或交投清淡的股票。"这类股票存在巨大风险，可能会被摘牌，与经济形势关系不大，更多是投机。"罗什说。

第二次课上，大家纷纷报出自己投资的股票。罗什教授在雅虎财经一一查询价格，记录资产配置，并调出公司财务报表与学生们一起分析。

学生们的选股依据主要有几个类型：一类是市场热点公司，比如苹果、亚马逊、可口可乐、脸书等；另一类是自身关注或消费的公司，比如耐克、阿迪达斯、Netflix、家得宝等；还有的公司是学生询问了身边的亲戚朋友后选择的。

亚裔学生罗斯的父亲是一位知名的对冲基金经理，她很坦白地说："我征询了我父亲的意见，他认为我应该自己做选择。他说苹果和亚马逊可以关注，我认为不错。"罗斯配置了 35% 的资金在苹果上，20% 的资金在亚马逊上。此外，她还投资了波音公司以及一家创新公司。

在 15 位同学里，有 9 位选择投资了苹果和亚马逊。尤其是罗斯发言之后，8 人里有 6 个都选择了这两家公司。

"苹果和亚马逊是非常常见的投资，股票在市场上交投活跃，投资者非常关注，股票的变化也与经济形势密切相关。"罗什教授说。

同学汉普顿的投资决定来自日常生活中的体验。他投资了与他父亲消费有关的一家烟草公司、他们家出游使用的订票网站、他的电话运营商以及他非常喜欢的迪士尼。"虽然我现在大了不去迪士尼了，但是我小时候非常迷恋，每年都会缠着父母去。我知道他们还有很多电影和电视投资等。"

同样属于亚裔的劳拉，主要集中于电信及创新公司。此外，她既投了耐克又投了阿迪达斯，对于双方的竞争关系，她认为，"整体消费趋势是上涨的吧。我两个牌子都穿，比如今天我穿的是耐克。像我这样的人很多"。

罗什教授在此后每个月的投资报告中，都会总结大家投资的"战绩"。劳拉和罗斯一直处于前列，汉普顿和另一位来自加利福尼亚州的女生丹尼尔一直排名靠后。丹尼尔在中途调仓时转向投资苹果，不过很快苹果开始下跌，她又赶紧卖出，担心自己买到了高点；谁知苹果股价很快稳定并不断创出新高。"看来反复调仓并不是一个好的策略。"丹尼尔说。

从这年秋季学期开始的9月到年底圣诞节前，15名学生密切关注各项经济指标。认为消费者信心正在上升的学生，投资组合更多倾向于零售业或汽车股票上。还有一些学生最初担心经济走势可能会受到飓风灾害影响，但之后看到各种数据转好后，投资组合也从最初的对许多经济因素有抵抗力的医疗保健类股，转向金融、地产、消费、科技等公司。罗什说，多元化投资组合的美妙之处，在于可以降低投资者在股市下跌中的风险，通过投资于经济的各个领域，大幅减少经济衰退时的损失。"一个把所有鸡蛋放在一个篮子里的投资者可能会获得巨大的回报，但如果经济不景气，也会面临巨大的风险。风险总是需要优先考虑的。"

12月6日，星期三，当日股市收盘价是学生卖出投资组合的节点。当日课堂上，罗什打印出最终的投资业绩——罗斯位居榜首，三个月的投资收益率高达16%，大家纷纷向她祝贺。劳拉位列第二。除了丹尼尔，剩下的学生都获得了正收益。

罗什强调，期末的论文需要解释影响投资组合中的股票业绩的因素，大家可以利用各类研究材料，解释导致公司股价上涨或下跌的经济因素和其他原因。

"期末成绩并不一定取决于投资组合的成功程度，相应地，表现不佳的股票投资组合并不会使成绩降低。好成绩建立在合理的推理、坚实的研究、对股票上涨或下跌的正确理解之上。所以赚最多的钱并不是重点。"罗什教授说。

"不过对前两名还是有奖励——两张价值 100 美元的篮球票和一张价值 50 美元的 TOP OF THE HILL 酒吧消费券。第一名先选。"

"我要消费券！"罗斯大声说。

经验与人脉：报道美联储

史蒂文·马修（Steven Matthew）在彭博社亚特兰大分社已经工作了 20 多年，负责美联储（FED）报道。他看上去沉默谦和甚至有些羞怯，一点儿不像拥有"自来熟"气质的记者。不过他的财经新闻报道做得非常出色。

美联储是美国的中央银行，负责美国的货币政策，由在华盛顿的联邦储备局和分布在美国各地区的 12 个联邦储备银行组成。其主要货币政策由联邦储备局的 7 名执行委员与 12 名联邦储备银行主席组成的公开市场会议（或称议息会议）共同制定。

与中国的央行及其地方分行的直属关系不同，美联储的 12 个联邦储备银行相对独立，其主席与联邦储备局主席、其他委员拥有同等投票权，因此媒体对于 12 位联邦储备银行高管的言行非常重视。

"与联储的人打交道不能是'文盲'。"马修说，"如果你连美国当前货币政策的历史及市场预测都不清楚就去采访，肯定会被嘲笑的。"根据他的经验，做美联储的报道极为需要经验与人脉。

马修举例说，每年 8 月份，美联储会在位于怀俄明州的小镇杰克逊霍尔（Jackson Hole）举办全球央行会议，届时大批国内外记者都会蹲守小镇。

"尽管大部分是闭门会议，记者们从正式渠道很难获得什么独家内容，但这个小镇就那么几家酒店、酒吧、餐馆，联储官员随处可以遇到，记者们拼的就是人脉与经验。"马修说。

杰克逊霍尔位于美国中西部，是两大国家公园黄石公园和大提顿公园的南入口。镇子不大，充满西部风情，各级别哈雷摩托穿梭不断。熊、鹿及牛仔是小镇的标志物，镇子中心是一个鹿角公园，几千个白色鹿角搭成的拱门非常醒目。

因此，全球央行会议又称作杰克逊霍尔会议，由堪萨斯城联储主办。会议历史悠久但早先并不甚知名，直到 1982 年时任美联储主席沃克尔光顾出席，此后会议的中心议题转向央行货币政策，并越来越受到世界各国央行高管的青睐。处于夏季度假模式的全球金融市场，也开始关注这个会议释放的各种政策信号。

近几年，美联储主席多次在杰克逊霍尔会议上发出重要信号。2012 年，美联储主席伯南克在会议上提到采用量化宽松政策（QE），一个月后美国启动第三轮量化宽松；2014 年，欧洲央行行长德拉吉发出欧洲央行将采取再宽松的信号，半年后欧洲央行开始量化宽松；2016 年，美联储主席耶伦表示未来几个月加息的可能性增加，12 月美联储宣布加息 25 个基点。

"我每次都是跟联储官员或者外国央行官员聊天，事先声明谈话内容不供发表，但是可以从中获得很多信息，包括各国货币政策、全球政策协调等。这些内容与多年积累的报道经验相融合，就可以构成一篇非常好的文章。"马修说。

事实上，每次会议开始之前，各家媒体都会对会议可能讨论的议题、主要发言人的发言方向做出报道。比如 2017 年的会议正式开始前，媒体已经报道"德拉吉预料将照稿发言"，"耶伦将谈到金融稳定"。"这些都是来源于与记者的聊天。"马修说。

除了要熟悉政策和官员，记者还需要对金融市场的反应及时跟进报道。

在 2017 年的杰克逊霍尔会议上，美联储主席耶伦发表开幕演讲，主题是"金融稳定"。她没有谈及对美国经济的展望或是货币政策细节，而主要强调了金融监管改革应温和开展，延续危机后出台的监管框架。由于她的发言与美国总统特朗普的观点相悖，市场对美元看淡，美元指数快速跳水。这些相关的分析也应在记者报道范围之内，而不仅仅聚焦在讲话本身。

有同学问："如果你和他们聊天时承诺了不做报道，你在稿子里如何表述信源呢？"

"有些采访对象是愿意实名出现的，可以在采访完成后再进行二次确认，甚至多次确认。"马修笑着说，"另外，不同的时间、地点与各方面形势的变化会产生不同的结果。我刚刚发表的一篇文章里引用了年初联储官员的谈话，当时他要求我不能报道，我等了 6 个月，前不久他主动找我说可以用了。"

学会提问：新闻发布会上的秘密

参加新闻发布会对有一定经验的记者可以算是"休息日"——因为看起来工作压力不那么大，但也可以是你要面对的最艰难的工作。

无论一个政府机关、企业或研究机构，公共关系（PR）部门通常不会区分哪些故事对媒体重要，哪些故事对他们的领导或老板重要，在他们眼里只关心"正面报道"。很多企业轰轰烈烈搞一个新闻发布会，最终在媒体上的呈现只是一个"豆腐块"，甚至有的连这种呈现也没有。那些对媒体而言不重要的会议，只是让记者在祥和的气氛中享受了免费食物和饮料，并不能让记者提起兴趣写一篇有趣的报道。

当然，这种欢乐祥和恰恰是公关部门所期待的。无论发布会的内容是什么，他们都希望记者按照他们统一的口径，依据新闻发布稿写稿，不要提出尖锐的问题，不要揭伤疤，从纸媒天下到互联网大行其道的时代都是如此。

新闻发布会是向媒体传播信息的最常见方式。企业、政府、机构通过新闻发布会，确保信息以一种简单的方式直接向记者发布，同时提供良好的背景材料，附之以表格、数据、视频、图片等内容。大部分材料对记者来说都是有用的，而与权威发言人的直接接触，也会增加新闻的信息量和可信度。

编辑部有时很难预判新闻发布会上信息的重要性，因此会按照惯例安排记者参会写稿。在公司企业年报发布的季节，一天十几个发布会摆在面前，记者参考历史素材做一番取舍，能够把数据分析清楚就不错了。但这样做的后果是很容易忽略一些重要新闻。

例如，中国某著名国际投资人每年都会召开新闻发布会，主要内容是发布上一年的投资业绩、公布投资区域配置等。这些内容每年一样，记者在发布会上也难以问出更多的数据或者资产配置情况。一些经验老到的记者便把上年的稿件拿出来对比一下，变化一些数据、日期，就照样发稿了。

"这种情况很常见，也是新媒体时代以最快的速度抢占报道先机惯用的方式。"罗什教授说，"但在这之后，记者应当对稿件做出必要的更新，增加更加丰富的内容角度和背景。"

比如，报道前面提到的发布会，应当把与投资相关的问题放在整个国际经济形势下全面考量，还要与其他国际投资人的投资业绩进行对比，等等。此外，这家投资机构内部的人事变动、组织机构调整，都会直接影响投资决策与市场。因此，记者在发布会上拿到企业数据和报告后，更重要的工作是挖掘更多内容。一篇简单的业绩报道不应成为参加发布会的唯一诉求。

换一个角度看，财经记者很少会认为新闻发布会毫无用处。大多数公司、政府、商会和其他以商业为导向的组织，通常利用这种方式来发布事实、数字、重要的决定、贸易协议，这样的信息很少是微不足道的。因此，财经记者必须对信息的重要性保持警觉，了解它的背景，以便充分将发布会这种场合作为有用和可靠的信息来源。

在新闻发布会上，一般会有记者提问及单独采访的时间，以澄清疑问或求解额外的问题。这需要记者与公关部门事先协调好关系，争取安排提问机会及单独的采访。

记者必须熟悉会议的规则，比如每个人可以提几个问题，或在提问后是否可以提出一个补充性问题。通常新闻发布人不会打断记者的提问，但是如果记者的问题过于冗长或者过于炫耀，很可能被直接打断。在这个过程中，会议组织者一般要求记者在提问时，先报出自己的姓名及所在媒体。

这虽然不是一个强制性要求，但是这样做的好处是增加自己媒体的知名度，以及让会议组织者对你有好的印象。

在新闻发布会上问尽可能多的问题，是接下来完成一篇高质量报道的关键。有些记者直到写作时才发现有些情况没有搞清楚，或者难以解答编辑提出的疑问，这说明准备工作做得不足，在发布会之前没有充分考虑。实际上，无论是新记者还是经验丰富的老记者，在每次采访、发布会、写作之前都需要做准备，准备得越充分，提问就越有效率。

一般情况下，讲述好的故事的另一个前提是有效的提问。如果是一个关于投资的故事，可以想想分析师的看法，也可以对比其他竞争对手的做法提问。

永远要站起来问你的问题。不要害怕你的问题过于直接甚至令人难堪。新闻发布人一定有所准备，记者不会比他们知道更多的内幕。一个好的问题通常不是被采访者轻而易举就能回答出来的，记者甚至会让他们下不来台，但在态度上不要粗鲁或咄咄逼人。

也不要担心自己提出的问题过于"白痴"，一两个呆萌的问题可以让发布者神经松弛，也是鼓励他们更多发言的有效办法。从这些发言中，记者又有机会发现更多的问题。

有些发言人会用你的问题反问你，以此表现这个问题是愚蠢的，或者是不值得回答的。这是一个老把戏，通常是要逃避他们不想回答的问题。这时候记者一定要持续追问，不要让新闻发布人"脱离困境"，不要轻易接受"私下评论"的说法或者"无可奉告"的回复。如果记者无法在发布会上抓住机会，想要在会后通过公关部再联系发布者，常常会无法如愿。

新闻发布会上还会出现世界上最古老的伎俩——"套近乎"。一个重要人物走进房间，热情地与认识的记者打招呼，把这个记者的位置安排到最前排，寒暄几句："你的妻子怎么样？孩子怎么样？身体都很好吧？"在之后的提问环节，还会专门给这位记者充分的时间提问。这其实是一个策略。如果你就是这位记者，千万不要让自己的职业性因为这种亲热而变得软弱。

反过来说，这个策略也适用于记者。在会后的单独采访与短暂交流时间里，记者可以适当地与被访者"套近乎"，让对方放松警惕，接受采访。

留下证据：采访笔记与录音

记者最担心的是什么？文章一发表，采访对象找上来说："我没说过这话，你断章取义。删稿！道歉！"

记者怕，编辑也怕，所有媒体都怕。怎么办呢？很简单，保存采访记录。

采访记录包含很多内容：采访笔记、录音、视频、采访对象提供的资料等。很多资料在采访时或许会被认为毫无价值，但在事后写作时，往往能从中找到很多有趣又有用的内容。因此，那些看上去很官方套话的文件也不一定都派不上用场。

过去，记者的采访笔记是唯一且重要的记录，交谈时掏出小本子记录成为对被访者的尊重。不过随着新技术的普及，笔记本已经被录音笔、便携式电脑、智能手机代替，保存完整准确的记录变得更加容易。

这些记录会占用大量存储空间，有些勤劳的记者会在采访写作完成后，或者文章发表一段时间后，将已经用完的采访记录删除。不过，这种热衷于清理数字存储空间的行为并不值得推荐。

很多时候，由于稿件的篇幅限制，采访对象的谈话内容会被记者整理精简后发表。这也产生了对方事后会借此予以"否认"的可能。虽然一般情况下，记者都会尽力遵循真实、准确的原则传达信息，但对一些敏感话题，或者发表后出现意想不到影响的报道，被采访者为了保证自己的利益，有时会否认自己曾经说过的话。这个时候采访记录就会起到十分重要的作用。编辑部可以重新审查采访记录，去伪存真，澄清事实。

当然，并不是所有采访都被允许录音。

比如在英国、澳大利亚和新西兰等英联邦国家，媒体可以自由参与和报道法庭审判过程。但记者不允许携带录音、录像、摄影等设备进入法院，参与报道的记者只能依靠速记。中国的法庭现场一般也不允许携带电子设备入场。美国的法庭对此则大都没有限制。

此外，有些采访对象对现场录音非常敏感，或者不想以真实身份现身于公开报道之中，因此在采访开始前就会要求记者不要录音，所有的谈话都是不可报道的。这种情况下，记者要么速记，要么启动偷录模式。

目前在一些公共事件中，为了维护公共利益，满足社会公众的知情权，如果无法进行公开采访时，记者也会通过暗访（如偷拍、偷录等方式）获取新闻信息，并据此进行报道。采用这种方式的前提是注意保障被访者个人隐私。只要报道事实准确客观，没有歪曲被访者的观点和立场，一般不会被认定为侵权。

各国针对媒体的偷拍偷录行为会根据其目的做出具体判断。在不侵犯公民利益的前提下，新闻记者的采访权受到保护。

"有的人在接受采访之前并没有说不能录音，采访完了才宣布不能录音，不能发表，这类主张是无效的。"北卡罗来纳大学的媒体法教授阿曼达·马丁认为，"要尽量在每次采访时都进行录音，这对记者很重要。"她同时还是一家律师事务所的合伙人。

有一些新记者可能有心理障碍，经常担心采访对象不同意录音，因此往往在采访伊始就征求对方意见。不过，经验丰富的记者一般会直接开始录音，除非对方事先主动提出不可以录音。而遇到敏感人物、敏感话题采访时，记者更是要千方百计录音。

"一旦发生法律纠纷时，这些录音有时会被认定为有效证据，对于保护记者和媒体都很重要；即使不能被认定为合法有效的证据，也会对判定纠纷起到重要作用。"马丁教授说，"美国媒体和记者经常以诽谤罪名被告上法庭，因此保存好采访录音是记者的重要工作之一。"

对于财经记者来说，我建议无论什么级别的采访都应该录音。因为财经新闻涉及各种各样的数据、术语、专业名词、专门定义等，需要录音加以核实。有些新记者可能无法判断一次采访或发布会中哪些内容更为重要，这时有责任心的编辑就会要求记者发来采访录音或整理后的录音素材，在了解全部采访情况之后，更加准确地判断哪些内容更具有新闻价值，并防止任何可能出现的错误。

另外，新记者最常见的事故就是"明明记在本子上了，怎么就找不到了呢？""这个人到底叫张某某还是王某某？""刚才他说的第二点是什么，没记下来"……这些疑问或疏漏都可以依靠录音进行补救。

当然，整理录音耗时费力，是一项近乎让人疯狂的工作。但如今科技发展迅速，已经有很多软件可以承担大部分的整理工作。何况每位老记者都会说，整理录音是新记者提升业务水平最好的向导，也是必须经历的入门第一课。

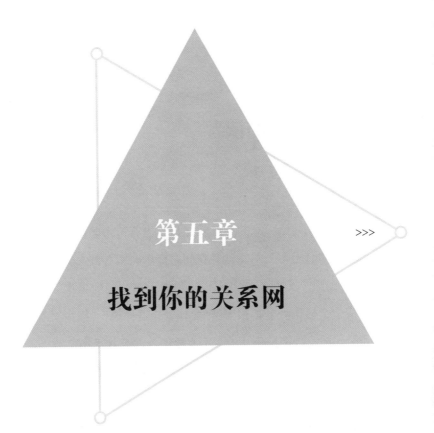

第五章

找到你的关系网

确定谁是你的读者

财经新闻给大家的感觉就是报道巴菲特、耶伦、华尔街大佬和知名上市公司。这些新闻对市场确实有重大影响，也很有卖点。"但对于记者来说，只做上市公司的报道，一定程度上会让记者变得很懒。"罗什教授这样说，"因为所有上市公司的公告都是公开的，不需要记者去费力气查找。"

罗什提供了一组数据，2012 年全美 75% 的新增工作岗位来自非上市企业，99.7% 的雇员来自非上市企业。"这个数据到现在变化不大，这说明你身边的绝大多数人都更关心非上市企业。"

除了彭博社、华尔街日报社等主流财经媒体，美国的地方商业媒体近年也发展迅速。美国城市商业杂志社是一个多平台的媒体公司，旗下有包括 Bizjournals、Bizwomen、Sport Businessjournal 等多个平台，在美国 44 个城市设点，专门对当地商业社区和突发新闻进行深入报道。

"华尔街的新闻我们也报道，不过从网站的点击量和阅读情况来看，地方商业新闻更有吸引力。"贝斯·亨特是美国城市商业杂志社驻北卡罗来纳州第一大城市夏洛特的编辑招聘和发展主管，他认为，"我们的目标是食物链顶端的人，比如小企业主，他们受过良好教育，有钱，忙碌。我们要知道他们到底需要什么。"贝斯说，他们会为了搞清楚读者群体而做调查，与读者沟通，最终的结果也很明确。

根据美国城市商业杂志社旗下的 Bizjournals 的调查，中小企业主最关心的是当地财经情报、独家新闻、各个物业的所有者情况、地方财经重要人物以及如何能认识他们。

"从记者的角度出发判断新闻，美联储降息肯定是大头条，因为这对整个经济环境和股市等都有重大影响。不过对于中小企业主来说，这条消息看个标题就行了，对他们而言，城区哪个地段的物业又卖给了谁更值得关注。"贝斯说。

中小企业想得到生存和发展往往需要当地的口碑和传播，熟人生意对企业发展也非常有利，因此中小企业主热衷于结交当地的商界朋友。Bizjournals 就提供这类平台，帮助商圈的人互相认识熟悉。

"我们最不需要的是记者坐在自己的办公桌前天真地想象如何做生意。"贝斯说，"很多报道往往都是记者揣着报道计划和问题清单去采访，然后发现情况与想象的完全不是一回事。企业家的思路与记者的思路完全对不上，编辑部只能重新设计。不过这样的故事写出来才更真实，也更受欢迎。"

Bizjournals 的网页上有一个栏目，叫作《认识你的邻居》，专门介绍当地情况，诸如《10 条卡车不要走的路》《小型地产商扰乱市场的伎俩》《你的业务如何应对千禧一代》《如何保证门店的持续经营》等，目的是帮助中小企业主在经营业务的过程中规避风险，提高竞争力。

比如《10 条卡车不要走的路》，编辑人员根据美国交通事故统计数据以及交通拥堵数据，总结出 10 条事故高发、容易堵车的道路，解释原因，同时给出解决方案，如何绕行、如何错峰、附近的便利设施等。从事卡车运输的企业都会关心这个话题。

在《快速成长，聪明成长》栏目下，很多小企业主现身说法，介绍自己企业发展的经验，每段视频三到四分钟。"小企业主都争着出镜，除了分享经验，还有利于宣传企业，扩大客户群体。这个栏目已经开始收费，同时我们也有出镜的标准，比如企业发展增速达到一定标准才能给发布。"贝斯说，"这类故事短小精悍，目的性强，观点清楚，用户对此评价很高。"

来自加利福尼亚州的一家从事商业和家庭搬迁生意的卡车运输企业成立于 2005 年，最初只有两辆卡车、四个人。

到 2017 年，他们已经有了 30 辆卡车、70 个人。公司副总裁麦克认为，成功的经验就是要充分利用互联网优势，"无论是管理还是市场推广，借助网络都是非常快速有效的"。

一家位于南卡罗来纳州的汽车配件加工企业的企业主则介绍了他快速发展的经验，这家企业 2004 年创立以来，每年保持 15%~35% 的增速，诀窍是"运用新技术，紧跟新潮流"。

此外，美国城市商业杂志社还擅长进行数据分析："数据都是公开的，我们从对企业主有用的角度重新选择和分析，就会得到很好的故事。"美国城市商业杂志社连续多年发布经济指数排名、人口数据分析、人口迁徙数据分析及预测、地产物业数据分析，等等。

媒体仅仅围绕地方企业和市场做财经新闻能否实现盈利？贝斯很骄傲地说："Bizjournals 有 300 万注册用户，每天点击量 350 万，早已实现盈利。当然我们赢利的渠道很多，订阅、广告、商业活动、会议等。地方平台的潜力很大。"

上面这些案例说明，我们写新闻报道首先要确定：对象是谁，你在为谁写作，你在向谁广播，你发布的信息是否适合那些想知道正在发生什么事情的人。

新闻学不是一门精确的科学，每个故事都可以采用不同的角度或者写作模式。每个记者的眼光都不同，同一话题的报道会得到不同的结果。因此，更要知道你是在为什么人写作。

如果你在一家都市报报社工作，应该清楚你的读者期望读到更多关于自己城市的内容。因此，报道重点就应该是与日常生活息息相关的民生新闻，报道视角要与报纸读者的视角相接近。

不过，对于财经媒体来说，确定读者群并不容易。财经新闻正变得越来越重要，读者对报道越来越关心。但到底是什么样的群体在阅读，媒体及从业者并不一定都能弄清楚。

在中国，由于投资市场参与者的多样性，阅读财经新闻的读者主要有这样几类：炒股的散户、大户、机构投资者，各类市场投资人，上市公司相关人员，金融机构从业人员，监管机构人员，经济产业从业人员，等等。这里面没有身份的高低贵贱之分，但是他们对财经新闻的需求是不尽相同的。

以股票投资群体来说，散户并不太关心上市公司收购的具体操作细节，大户也未必都想搞清楚收购中的投行、会计师、律师都是谁，他们更关心的是收购是否成功，股价会受到什么影响。而手上拥有巨额资金的机构投资者，不但关心收购是否成功，也会关心收购过程中的各种细节、价格，更会自己分析收购对股价的影响。那么，财经记者到底该怎么写稿子？

如果你服务于一家以市场行情为主、更加贴近市场散户的媒体，那么能够回答散户问题的就是好稿子。这不是说你需要对股价做出判断，而是你需要采访分析一个事件可能对股价产生的影响，并直白地呈现给读者。

而如果你所在的媒体并不以市场行情为主，而是更贴近政策面和机构投资者，那么股价分析可能不会吸引你的读者，对于事件的深度挖掘及分析才会让读者满意。

记者清楚自己的读者群，会有效提高写作的针对性，也会获得更多反馈。这种反馈或许不直接与媒体的收入挂钩，对于收费媒体来说，这类反馈会形成一定比例的转换率。更为重要的是，读者的反馈可以与记者的写作形成良性互动，记者积极写作，读者做出评价，记者更加积极写作，读者获得更多信息——这种正向循环是最优方案。

学会与公关人员打交道

今天的公共关系行业已经越来越专业化、职业化和正规化。一般而言，大型企业和机构都有专门的公关部门，公关总监（或经理）往往是公司副总裁一级高管。即使有些公司没有专设部门，也会有专门的人员对接媒体。还有一类机构或者公司会把公关业务外包给公关公司、广告公司，在安排媒体采访等活动之外，也负责投放广告。

全球有几大顶级公关公司，专门为大企业解决对外的公关问题，目前也都在中国设立了分公司。对于大公司而言，记者想采访先找公关，已经成为一套办公程序，不容任何改变。尤其新记者，在还没有积累充足的信源和关系网络时，不可避免地要常与公关人员打交道。

"公关与新闻是两个不同的行业，或者说完全对立的行业，它们工作的出发点完全不同。"理查德·格兰斯教授说。

格兰斯是北卡罗来纳大学教堂山分校新闻学院的教授，

曾在索尼公司的美国总部担任公关副总裁长达 18 年，经历了索尼业绩大涨大跌和公司全球化的过程，也亲历了首位非日籍高管的上任以及新产品发布失败。

"公司好的时候，媒体并不想吹捧我们，而是淡化；公司出了任何变故，记者们就都冲上来了。公关部门的作用就是化解矛盾，沟通信息，做好危机应对。"格兰斯说。

新闻记者与公关人员的关系微妙，彼此"相爱相杀"。

一方面，公关部门会尽可能与媒体记者搞好关系。当他们面对记者的时候，永远都会给出热情的笑脸，也会家长里短与你聊天，乃至成为朋友。这一招对新记者尤其管用，因为新闻采访通常是一个极度缺乏热情回应的过程，任何人的热忱都会安慰记者饱受煎熬的内心。不过，记者要知道这些熟络与私交并不代表什么，只是公关工作的一部分。公关人员不会因为与记者的密切关系而损害公司利益。

当然，记者也要充分利用好公关人员。公关人员是企业或者机构内部最能够理解战略的群体，他们有条件调动各级部门和人员。记者如果能够与公关人员建立好联系，恰到好处地争取采访机会，有时也能收到非常有效的反应。

有时公关部门会借安排采访之机向记者提供许多"福利"，比如出差机票和住宿、旅游度假、新电子产品试用、新汽车试驾等。这些活动往往价格不菲，对于荷包羞涩的记者来说是明显的诱惑。但记者要随时警惕的是，这种安排是否涉及贿赂，违反了新闻职业伦理。

比如，记者受邀跟随某知名 IT 企业在国外参加会议，顺便旅游度假。这类会议一般没有多少新闻报道价值，但公关部门会将其描述为一种深度了解行业与企业、与高管密切接触的重要机会。"吃人嘴短，拿人手软"，一旦参加这类活动，记者势必要出卖一定的职业操守。

面对这类邀请，最简单的办法是向主管编辑汇报，经验丰富的编辑自有办法应对。常见的解决办法有几种：一是婉言谢绝；二是自掏腰包支付各种费用；三是如果当地有编辑部驻站记者，可以请当地记者去参加采访活动，同时回避可能触及职业道德的对方付费活动。

在美国，记者对待这类邀请都非常谨慎，因为一旦被相关调查机构发现，便可能被认定为是商业贿赂。即使不被调查，行业内的职业道德规范也不会允许。

另一方面，记者与公关人员也存在天然的"对立"心态。

从记者角度看，公关群体是公司机构的"吹鼓手"，只说好处，不谈问题，安排采访也会有各种条条框框限制，比如陪同记者采访，以控制采访时间、问题及角度；采访一结束就开始天天盯着记者发稿，有时恨不得要越俎代庖……

从公关人员角度看，记者们就想着"挖黑幕"，不但黑的要写，白的也能给说成黑的，各种颠倒黑白、断章取义，因此必须严格控制把关……公关人员有时也会介入记者报道、企业广告投放或商业赞助等事务中。在自律性较高的严肃媒体，采编工作是明确独立于广告及其他经营部门的，编辑部门并不负责相关业绩。遇到这种情况，编辑部门需要与经营部门共同协商，同时应对来自各方面的压力。一般情况下，有原则的媒体不会对此做出报道方面的妥协。

其实对于记者而言，不要厌恶与公关人员打交道。公关部可能不会直接给你一个好故事，但利用公关人员采访高级管理人员可以增加对公司的了解。公关部不是你体现职业价值的充分条件，但是必要条件。

贝斯·亨特在他的课堂上曾经这样总结："真正好的公关人员不是信源，但他们知道如何到达信源，因此这个渠道很重要，需要维护。"

辨识：分析师为谁说话

分析师可能是财经记者平日里打交道最多的人，也是最主要的信源之一。但是具体如何与分析师打交道，如何在你的文章中引用分析师的观点，如何判断分析师背后的利益，是财经记者需要认真了解和思考的。

一般说来，投资银行属于卖方，投资基金属于买方；投资银行希望能够把自己手中或者客户手中的股票卖出去，而投资基金关注的是从成千上万只股票中选出最好的投资标的进行投资。这两类机构都有自己的分析师。

国内外大型投资银行内部设有专门的研究部门，向客户提供各类行业、个股、宏观等方面的研究报告；投资基金内部也有自己的研究团队，专门为自己的投资基金经理做选股调查，同时提供报告给投资基金客户。

所有投资银行或者基金内部的研究部门都会在它与其他部门之间设立"防火墙"，一方面防止交易投资信息泄露，另一方面也希望确立研究部门的独立性。国内市场上甚至已有多家投资银行的研究部、研究所独立运营。

不过，除了极个别独立运营的研究部门外，大部分投资银行、基金的研究部门都在公司内部，或多或少都会带有买方或者卖方的色彩。这种背景下的研究报告是否公平？财经媒体在使用时又是否会被利用呢？

财经记者对于分析师的态度是又爱又恨，爱其信息充足，恨其立场不公。因此财经记者不能对分析师的信息不加分析全盘使用，一定要分清立场，并在使用时注意公开消息来源。

一个著名的例子是美国的安然事件。安然公司（Enron Corporation）成立于1930年，曾经是世界上最大的电力、天然气以及电信公司之一，长期跻身于世界500强前十的位置。然而，突然被媒体曝出的财务造假丑闻，使得它在几周之内就被迫申请破产。

安然事件中最著名的记者是贝萨妮·麦克莱恩（Bethany McLean），她于2001年3月5日在《财富》杂志发表的文章《安然价格太高了吗？》，被认为是第一篇重要的揭露安然丑闻的报道。2003年，她和同事撰写了《安然：屋子里最聪明的人》一书；三年后，以该书为基础拍摄的同名纪录片获得奥斯卡最佳纪录片奖提名。

麦克莱恩毕业于威廉姆斯学院，获得英语和数学学士学位。大学毕业后，她进入高盛公司担任投资银行分析师，1995 年担任《财富》杂志财经记者。在高盛的工作经验让她获得财经行业内的丰富人脉，尤其与分析师之间的关系颇为密切。

其实麦克莱恩并不是第一个发现并揭露安然问题的人。第一个对安然公司如此高收益发生质疑的记者是乔纳森·韦尔（Jonathan Weil）。2000 年夏天，他接到一个关于安然公司的举报电话，经过两个月的调查，他写了一篇文章。当时安然公司股价还在每股 90 美元，没有记者或者分析师质疑安然的问题。

这篇报道并没有引起市场太大关注，但引起了一位对冲基金合伙人的注意。查诺斯（Jim Chanos）创办的凯尼克斯联合基金（Kynikos Associates）有 30 亿美元规模，专门做空。看到报道后，查诺斯认真研究一番，确定安然公司存在巨大问题。

2000 年 11 月，查诺斯开始做空安然公司股票。此时的安然公司仍旧如日中天，2000 年全年股价涨幅高达 87%，大批投资涌入。虽然安然公司管理层不断在市场上抛售股票，股价在 2001 年也一路下跌，从 2000 年 8 月的每股 90 美元跌至 2001 年 10 月的 15 美元，但大批投资者仍然认为是买入安然公司股票的良机。

2001 年 2 月，查诺斯将他们对安然公司的研究情况透露给麦克莱恩。麦克莱恩经过深入采访，在 2001 年 3 月发表了《安然价格太高了吗？》。尽管如此，市场最初仍然没有重视，直到 2001 年 11 月底，安然对外宣布相关会计丑闻，市场才猛然觉醒。然而一切已经太晚了，安然公司股价从最高点 90 美元跌至 0.30 美元，大批投资者血本无归。

查诺斯为什么愿意将他们对安然的研究情况透露给麦克莱恩？是良心发现还是为了自己的做空交易？查诺斯对此从未对外披露过。而麦克莱恩的报道则确实受查诺斯影响颇深，大幅采用了查诺斯提供的各种分析数据和报告。随着安然事件的不断发酵，更多的媒体参与调查，涌现出更多更中立的调查和分析文章。

"在大部分情况下，财经记者在报道中可以引用各类分析师的报告，但是需要交代这份报告所属机构的投资情况，也就是要说清楚是买方还是卖方。这样记者的文章才不会被利用，整个采访和报道才是安全的。"罗什教授说。

分析师确实是非常好的信源，因为他们熟悉公司情况，与公司高管关系密切，他们知道很多内部的真实情况，通常还知道很多内幕和八卦。但这些情节他们不能写在报告中，因此记者如果能定期与分析师聊聊天，相信会有很大收获。

"有时他们会告诉你一些对公司的负面评价、存在的问题等，尤其是他们代表大型投资者投资这家公司时，他们会希望媒体的报道推动公司改革。这个时候财经记者就更需要解释清楚这些分析师的立场，以及他们所属的机构的立场。"罗什教授说。

2012年前后在国际上备受瞩目的"中概股危机"，也是源于某些专门从事做空交易的对冲基金对一些中国概念股的围剿。短短几年内，以专门做空上市公司的浑水公司为首，对在美国上市的中国公司东方纸业、新东方、分众传媒、大连绿诺等多家公司的财务数据进行分析研究，然后发布负面研究报告，引起股价大跌，有的公司因此退市，而这些做空机构因此获利。

做空机构的行为并无任何违法违规之处，还对市场起到了有效的监督作用。1995年至2002年间，做空者发现的恶意会计手法比美国证券交易委员会发现的总和还要多。对于他们的研究报告，财经媒体当然会作为新闻线索关注和追踪报道，但也要在报道中注明这些机构本身的投资情况。

与投资机构的分析师交朋友，会大大丰富财经记者的信息来源——只需辨识清楚分析师背后是谁就行了。

发挥身份优势

有些新记者出门采访，最紧张的是不知道怎么跟人"套近乎"。当然这个词是比喻，他们担心自己的衣着、鞋帽和言谈举止，生怕给人留下不得体的印象。因此，在一些公开聚会或社交场合，他们常常坐在角落里，看着其他人与采访对象热烈互动。

有人认为，这个行业更适合那些自来熟性格的人。其实并不尽然，毕竟打交道的目的还是问问题写报道，会打交道也并不一定能保证写出好报道。

国内外的新闻学院都会安排非常重要的实习阶段，让学生提前走出课堂融入媒体，向未来真正的记者工作迈出第一步。

罗什教授的"财经新闻写作"就是这样一门课程。他要求学生们关注一家北卡三角洲地区的上市公司，跟踪日常新闻，并最终写出一篇报道。学生的作品会实时发布在罗什教授参与创办的财经新闻网站 BizTalk 上。"这门课就是要让你们跟真实社会接触,不要只在象牙塔内闭门造车。"罗什说。

面对采访对象,新记者往往会手足无措,除了正襟危坐地提问之外,不知道如何与你感兴趣的人进一步增进了解,发展关系。其实解决这个问题并不困难。其中一个办法就是狠下心来,增加脸皮厚度。

如何发挥呢?

首先是勇于提问,勇于问常识性问题,勇于承认自己的无知。一般说来,采访对象往往是行业内位高权重或者企业内说一不二的人物,这类人物的特点是忙。他们的下属或同事往往只会把需要决策的问题提给他们,很少有人会问他们常识性问题。记者在采访中的常识性提问,会增强采访对象的自信心,产生非常强烈的成就感。

"很多公司高管非常乐于给新记者采访和提问机会,他们甚至专门给新记者组织培训。这是非常好的练习采访和加深互信关系的机会。"罗什说。

不过,这一招似乎对女记者更为有效,对男记者就另当别论了。社会对于男性的预期总是相对较高,因此男性记者在采访时不要轻易承认自己的无知,而是要沉稳应对,并抓住机会及时展示自己的聪明才智。

对于聪颖机敏的年轻男记者,大部分采访对象在初次见面时就会有明显的欣赏，如同看到自己的孩子或者年轻时的自己一样。他们往往会愿意提供更多资源帮助年轻记者。

年轻男记者的采访要诀是展示自己的实力，沉着冷静，不要一上来急于提一些鸡毛蒜皮的常识性问题，即使自己真的不太懂，也不要轻易显露出来。男记者要善于倾听与总结，善于引出话题，至少要善于表现自己的聪明。讨论经济问题时，可以附加历史、政治等问题的讨论；讨论企业发展时，可以增加新技术、营销手段的分析。这些内容都会给新记者加分。

此外，年轻记者要善于用同龄人的视角去观察和发现有价值的细节，比如采访对象的穿着、配饰等，都可以成为交流中穿插的内容，进而为下一步打好基础。

中国人民银行前行长周小川在 2016 年的全国两会新闻发布会上，佩戴了一块新型的苹果手表，成为很多记者写作中的细节。实际上，当下新闻人物的衣着、服饰、发型等本身就可能直接成为新闻（这方面的描写当然是女记者更为擅长）。

男记者也具有很多女记者缺少的天然优势。比如男记者会聚在一起讨论球赛，或者直接组队开展各种各样的体育运动。北京的金融圈内就有中央金融机构的网球队、羽毛球队、足球队、马拉松队、徒步队等，他们会经常进行各种友谊赛，而新闻机构的同类组织也常参加。这是非常好的社交机会。

在美国，华盛顿的政治人物、纽约的金融大佬经常在下班后去酒吧喝上一杯，记者也可以参与其中。这种官员、商业精英和记者混杂的场所，往往是信息最充足的地方。

而在中国，男性记者与采访对象的交际应酬更是常见。新闻发布会后的酒会、聚餐往往是男记者大获全胜的好机会。他们与大人物们互相拍着肩膀热情畅谈的场景，常常令女记者心生妒意。

"如果新闻发布会后没有酒会，英国记者通常就不会去，而美国记者则认为理所应当。这是英美记者的不同，即使在华盛顿也是这样。"大西洋理事会高级研究员雷金纳德·戴尔说。他是英国人，曾经长期担任英国媒体驻华盛顿记者。他说："酒会时的气氛完全不同。"

同行是冤家吗

俗话说，同行是冤家。记者这行也一样。

做记者以后，平日里见面频率最高、见面时间最长的并不一定是办公室同事、采访对象、线人、新闻发言人，而是同一领域的记者，以至于在记者圈子里同行夫妻越来越多。中外均是如此。

彭博社驻旧金山的记者萨拉·弗里耶（Sarah Frier）告诉我："我和我的丈夫都是跑脸书的，天天能碰在一起。不过他在另一家新闻机构，相对更侧重技术问题，因此我们之间没有明显的竞争。"

她觉得，"夫妻同行最好的工作状态是在同一领域，但是互有不同的侧重点，既有共同语言，又有不同见解"。

对于记者来说，得到独家新闻是最大的成就，而"独家"的意思是只有自己知道，或者自己最先发表。独家新闻意味着独家线人，这个线人只对你说这个新闻。

"这太难了，因为大家地位都是平等的，新闻发言人肯定会公平地发布信息，每个记者都同时拿到。"萨拉说，"每次发布会或者采访，跑脸书的记者都在一起。"

国内的新闻界也是如此。负责"一行两会"（即央行、银保监会、证监会）的记者天天在发布会、研讨会、座谈会上见面。负责互联网技术的记者则总在各互联网公司的发布会、新产品推介会及形形色色的行业论坛上碰头，有时还会集体出差。

"我们之间虽然非常熟悉，但是大家都会心照不宣地不谈新闻，只谈旧闻；不谈工作，只谈风花雪月。"国内某财经记者表示，"我知道同行家里老老少少的情况，知道他们单位人事斗争的问题，知道他又买了什么车什么房，但是要问我他在写什么稿子，我还真说不好。"

同行之间的竞争关系难以避免，尤其是顶尖记者之间的竞争更为激烈。除了一般的发布会新闻外，这些顶尖记者还要对关键人物独家采访、对重大事件独家策划等，竞争更加白热化。

不过话总是要两头说。对于初出茅庐的新记者，同行也是一种资源。

"你要注意观察，谁在集体采访中表现得最聪明，最受采访对象重视，提出的问题最重要，谁就一定是这个领域最棒的记者。去读他的文章，一定会受益匪浅。"萨拉说。

对于同一新闻事实，不同专业背景、不同资历和能力的记者写出来的文章大相径庭，如果花费大量的时间通盘阅读，效率不高；迅速找到同行中的最佳作品，有利于快速增加专业信息量并且提高采访和写作水平。

同时，对于报道中很多背景、素材的选择和剪裁，更应格外关注并借鉴高水平同行的作品——注意，是借鉴，绝不是抄袭。随着互联网媒体近些年的迅速成长，知识产权保护问题正日益提升到前所未有的高度。记者不能直接引用同行的原文，而是要根据同行的优秀作品，增强对纷繁复杂的素材、事实加以判断和选择的能力。这对于新记者快速提升业务水平非常重要。

以对上市公司的报道为例。一般说来，一家上市公司都会把重要数据写在年报概要里，但如果报道内容照搬年报，显然既冗长又无趣。这个时候，记者就需要知道这家公司过去几年的财务数据情况、历史报道热点等，通过过往报道，判断出这家公司当前最重要的新闻内核，如盈利情况、人事变动、减税、补贴、新增投资人等。跟随同行学习可以减少初期报道风险，快速上手，快速入行。

持续模仿、跟随报道也潜伏着很大风险，会导致记者缺乏长远发展的动力和潜力。

比如，对于某类独家新闻题材，已经有同行进行深入报道，如果新记者只知道跟踪这条新闻，一般很难再挖掘出更深的内容。对于精明的竞争者来说，无论在商业领域还是其他报道领域，回避他人长处并发挥自己的独特优势才是终极法宝。

记者经常会发现，有的行业大人物总是把独家采访权给予某家媒体或者某个记者，最终的报道并不一定是业内最棒的。但是这种情况屡屡发生。这是因为在许多重要采访活动中，被采访者在选择媒体时往往不是只看单一因素，比如媒体的知名度、专业性等。这种选择里夹杂着许多别的因素，包括被采访者对于媒体的认可程度以及双方的互信关系等。

巴菲特每年公布业绩时，按惯例都会接受媒体采访，而且几乎都是选择美国消费者新闻与商业频道（CNBC）做，这已经成为连续多年的传统。"对于这类重要的但已有惯例的采访，我们会努力争取，但不会投入巨大精力。我们会尽量开辟新的战场。"萨拉说。

有时候这类采访还会附加各种条件，比如提前审稿权、文字修改权等。"因此，这类采访是蜜糖，也是毒药，对媒体并不一定都是百分百的加分。"萨拉说。

萨拉以她对脸书的报道为例："我很多次见过扎克伯格

（Zuckerberg），但是一直没有被安排做过独家专访，因为我们写了很多脸书在选举、政治上的团队策略以及与此有关的商业安排。这些内容并不是他们乐于看到的。"

持续"骚扰"你的编辑

记者对编辑的态度常常也是双重性的。

好记者离不开好编辑，他们看重资深编辑的丰富经验。好编辑能拨云见日，一语点醒梦中人。但记者恨的也是他们丰富的经验，遇上和气的编辑，也许还会耐心告诉你文章的问题，甚至直接帮你修改；要是遇上脾气大的，稿子直接甩回来重写不说，还得挨上一顿臭骂。

这里说的编辑是指对稿件拥有生杀大权的人。国外媒体对这类职位统称为编辑，分为总编辑、不同领域的编辑等。中国媒体有所不同，有的媒体是部门主管负责稿件发表，而编辑指的是文字、版面校对人员。

大部分编辑都是出身于记者，尤其是某些特定领域的编辑，比如金融新闻编辑、产业新闻编辑等。他们对这个行业有着深刻的理解和采访实战经验，由于一般从业时间较长，往往拥有丰富且权威的信源。正是这些经验与信源，让编辑对新闻的判断水平高于年轻记者。

年轻记者出于对老编辑的敬畏，常常在业务问题上不敢发表自己的看法，有时对于自己的采访结果也持怀疑甚至否定态度。

保有怀疑精神是必要的，但记者要勇于发表自己的观点。

"并不是每个编辑都很熟悉每个新闻事件，尤其是互联网时代，各种新工具、新产品不断涌现，不但编辑，就连这个领域的专业人士都得随时学习。"卡萝尔·沃尔夫教授说，"我在彭博社报道金融这么多年，现在还是不明白什么是区块链，当然我得不断学习。"

编辑对稿件的价值判断离不开记者。记者要能够快速准确地讲述包括新闻事实、新闻背景、当前热点等问题。这些情况编辑有可能早就了然于胸，也有可能并不了解，或者了解得不够深入。

通常的新闻采编流程是，记者要在采访前征求编辑的意见，在采访过程中和采访之后汇报最新进展，包括新闻事实本身、采访获得的素材，同时补充新闻背景。编辑会根据经验初步判断基本事实及新闻价值，之后还可能与他自己的信源交流验证，同时指导记者完成采访写作。

对于持久性的新闻话题，比如美国的控枪问题、药物使用问题等，记者想要说服编辑认可自己稿件的重要性，就需要简单、准确地总结报道的亮点和新意。

而在中国，金融改革就是一项长期任务，新闻报道也会持续围绕这一议题进行。记者需要了解过往改革的历史，关注最新进展，并向编辑准确描述各项改革的变化与异同。

"记者让编辑明白稿子的重点是什么，是新闻写作的基础要求。"沃尔夫教授说。

充分了解舆情变化，把握好最佳报道时机，往往决定了一篇报道的命运，要么石沉大海，要么天雷滚滚。新闻环境也是记者和编辑需要密切沟通的重要一环。报道时机的选择往往需要通盘考虑。

与记者不同，编辑擅长横向思考问题，不会陷于单一内容的报道中，而是不断跟进全领域的动向，尤其是未来趋势观察。因此，编辑会对大的新闻环境有更多把握。比如，虚拟货币在一段时间内成为美国财经媒体报道的重点，编辑会关注到这方面的新闻，安排记者跟踪相关话题。

有时稿件完成后，编辑会搁置很长时间不急于发表，这可能就是在等待最佳的发表时机。

"鲜活有趣的独家新闻并不一定都能引发巨大反响。比如特朗普要与金正恩见面的新闻出来后，你还使劲写控枪问题，恐怕就没什么人关注。"沃尔夫说，"这是发表时机的问题。因此记者要与编辑交流，随时更新信息。'心理健康月'

是推荐心理健康报道的好时机，'鲸鱼搁浅事件'是报道环境新闻的好时机。"

除了要积极有效地沟通，记者还要知道编辑最痛恨的几个问题。

第一个问题是文稿中的错别字和错误的文件格式。上千字文章中一两处笔误或许难免，但没完没了的错别字会引发编辑的强烈反感。文本格式不利于阅读也会令编辑大为光火："你这是把我当成排版的？"

第二个问题是行文啰唆。这个问题最常见也最难改。

记者采访时问东问西，上上下下都要打听到，录音整理了好几万字，写出来的稿子动辄过万字，事无巨细全覆盖。但在编辑和读者眼中，这类稿件太啰唆，明明只是要说明某家公司的财务情况，却恨不得把公司每个层级员工的薪水都报一遍。好记者懂得抓典型，善于总结，过度追求细节和大量的直接引语，只能让文章失去焦点。

第三个问题是逻辑不清。

有时记者的稿件看起来全面翔实，实际上行文缺少连贯性，信马由缰，想到哪儿写到哪儿。解决这个问题的好办法就是在拿到选题、采访和动笔写稿之前，先与编辑沟通清楚新闻的核心内容。编辑会明确告诉记者报道的重点应该在哪里，有时还会直接给出文章结构。

编辑与记者的目标一致，再大的分歧也不会超出业务范围，说到底就是要多沟通，互相理解对方的难处在哪儿。记者要勇于"骚扰"编辑，提前获知编辑思路，总比稿子打回来重写要省事很多。要知道，编辑不会有很多时间和精力修改你的大作。直接强迫编辑告诉你需要写什么，截稿时间是几点几分，才是最重要的。

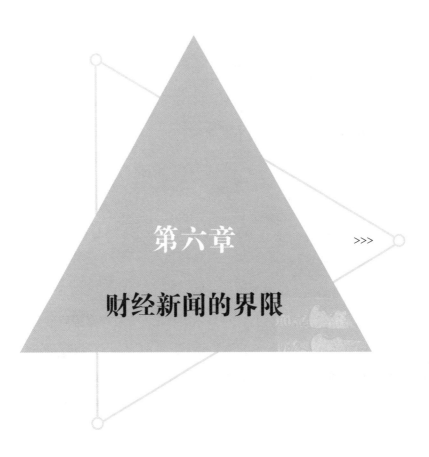

第六章

财经新闻的界限

>>>

报道不等于宣传

新闻报道必须保持客观中立，说起来容易做起来并不容易。

我讲两个美国人的小故事。

1982 年到 1984 年，《华尔街日报》专栏作家福斯特·怀南斯（Foster Winans）为《街头听闻》（*Heard On the Street*）栏目撰写文章，讨论机构投资者对股价走势的预测。这个专栏在读者中影响力很大，往往对第二天的股票价格产生重大影响。但是，怀南斯却因为这个专栏犯案了，原来他曾在文章发布前主动向一些股票经纪人透露了要刊发的内容，并因此获得好处费 3.1 万美元。1985 年他被起诉并被判处 8 个月监禁。

另一个是 20 世纪 90 年代中期美国消费者新闻与商业频道的"荐股者"多尔夫曼（Dan Dorfman）。他发表的股市评论经常受到交易者追捧，一旦他在美国消费者新闻与商业频道上宣布自己选择的股票，该股票就会大幅走高。芝加哥期权交易所甚至为此制定了"多尔夫曼规则"，即交易所可以停止交易多尔夫曼在电视上提及的股票，纳斯达克交易所也出台了相应规则来控制多尔夫曼的直播节目引起的波动。1995 年，因为拒绝向编辑披露他的消息来源，多尔夫曼被 *Money* 杂志解职，尽管他否认自己有任何违法行为，声称自己从未要求或收到任何关于报道的非法报酬，也没有在五年内购买或出售股票。

虽然这两个美国人都没有直接操控股票投资，其行为最终也没有被认定为内幕交易，但是作为财经记者，还是从反面给新闻从业人员敲响警钟：只有保持客观中立的言论立场，才能够避免可能的利益冲突。当然，这两个例子都发生在 20 世纪八九十年代，当时信息的传播途径相对单一。如今，这类荐股、股评类栏目早已举目皆是，也未必会对市场产生真正的影响。而 A 股监管部门对"荐股者""股评家"这类发声者都提出各种资质要求，新闻媒体早已远离这类传播形态。

回顾历史，财经媒体与记者对金融市场的影响在任何年代都非常巨大。美国著名经济学家席勒（Robert J. Shiller）在论述新闻媒体对股票市场的影响时说，媒体积极地引导人们的注意力，证券市场在他们营造的这个环境中运行。

既然财经媒体创造了这样一个环境，财经记者自身的判断、观点、倾向便会直接反映到新闻报道和专栏中，继而影响整个金融市场。

《费城问询者报》（*The Philadelphia Inquirer*）的财经记者黛安娜·马斯楚尔（Diane Mastrull）说："我用故事来描述那些敢于冒险的企业家们的成功和挫折。但是，为企业做宣传不是财经记者的工作。"

2015 年，她报道了当地两名女性创立天然除臭产品的新闻。第一篇报道描写了这两人如何联手进入商业领域；第二篇报道描述她们经营中的一些问题，也就是所谓企业的"负面信息"，比如更换供应商、未能及时向消费者交付订单等。"要平衡地进行报道，不能只写正面新闻。"黛安娜说。

中国媒体也同样重视这一问题。一般情况下，在严肃媒体中，如果记者的倾向性过于明显，比如过于认可企业的某种行为，或者对政策的解读过于负面，编辑会要求记者再采访一些持有不同观点的人来平衡稿件。

比如，2018 年 3 月全国两会期间，国务院公布了大规模的机构改革方案，市场对此议论和猜测很多。财新网发表《机构改革：银监会、保监会合并组建中国银行保险监督管理委员会》一文，除了全面解释金融行业机构改革的背景和具体内容外，还采用了国务委员王勇就此问题的相关说明，解释改革的目的和新机构的职责。记者还采访了金融界相关监管人士，分析银监会与保监会合并的原因；同时指出，监管体制改革不会一蹴而就，两个机构的"物理合并"可以一夜之间达成，但监管理念和文化的建立和重塑，需要 10 年、20 年甚至更长久的时间。

对于纯粹性的商业和企业行为，记者在采访报道中更需要全面、审慎，不可仅使用单一信源或者单向观点。比如，财新网报道中国农业银行超过 1000 亿元的定向增发时，就采访了包括农行、相关投资人、承销商等多家机构，从不同角度进行解读。

很多人会说，绝对客观的新闻是不存在的，因为新闻报道是记者写出来的，难免会受到个人的倾向性和采访中各种局限的影响。更有很多编辑记者在采访前预设立场或主题，采访时直接间接地引导采访对象按照他们的意愿表达看法。这也是采访对象最经常抱怨的问题。

美国一家无党派基金会"自由论坛"（The Freedom Forum, Inc.）主席查尔斯·奥弗比（Charles L. Overby）提出过一个"新闻公正性公式"A + B + C + D + E = F (Accuracy + Balance + Completeness + Detachment + Ethics = Fairness），即"准确 + 平衡 + 全面 + 客观 + 伦理 = 公正"。

做到这五点，就可以拍着胸脯说"客观报道"了。

事实性准确

新闻写作是一种需要不断学习和强化的技能，财经新闻更是如此。从遣词造句、使用数字到准确判断事件等，都对财经记者有非常高的要求。报道中的一丁点儿马虎都可能会对人们的生活产生影响，如果记者的错误导致某些人失业、企业股价巨幅波动或重大投资风险，再怎么道歉也难以弥补。

财经记者必须知道自己在写什么，要寻找哪些文件，以及使用哪些资源。尽管财经新闻的质量在过去 15 年中有所改善，但仍有一些人担心，这个领域的记者对有关他们的话题并不完全了解。

美国无党派基金会"自由论坛"曾经在 1994 年对一些财经记者和工商业主做过一项调查。结果显示，有超过 66% 的记者认为自己"完全理解财经事件"，稿件"非常专业"，但同时有超过 75% 的工商业主认为他们看到的财经报道并不专业，存在很多常识性错误。这个调查肯定存在不够客观的要素，但是双方评价差距这么大，也很能说明问题。

罗什教授曾经写过一本关于美国知名家居连锁企业家得宝的书，被业界认为是最客观、最准确描述这家企业的出版物。他说："没有人比我更了解这家企业了——不过家得宝的管理层还是不这么看。"

由于观察问题的出发点不同，新闻媒体与商业机构之间存在不同的判断非常正常。但是如果记者的报道出现事实性错误就会放大这种矛盾，并直接影响到媒体信誉。

一些刚入行的财经记者和编辑经常不知道去哪里寻找报道需要的基本信息，只好依靠道听途说或网上搜索等简单办法，这很容易制造事实性错误。还有一些记者不理解经济学的基本原理，不能准确解释经济大势与企业发展的关系，不理解股票市场和贸易关系对企业未来前景的重要性，这些都会造成新闻报道中的错误。

罗什说，为了写那本书，他把家得宝成立以来的年报都看了一遍，认真阅读、记录、总结，同时采访了很多人，包括供应商和竞争对手，以保证自己不出现任何事实性错误。

新记者都是充满理想踏进这个行业的，他们渴望有朝一日成为核心人物、知名人士，希望自己会在走进新闻编辑部几天之后就能承担起重任，采访重要人物，写作重要稿件，然而现实经常是异常残酷的。

毋庸讳言，雄心是一件美妙的事情，热情永远不应被抑制。但是要想成功达到顶峰，就需要不断地练习，尤其是新闻工作。优秀记者不是天生的，都是一步步练习打造出来的。

新记者在编辑部的工作往往从最乏味、最单调的那些事情开始，比如协助整理采访录音、搜集新闻资料、查找采访对象联系方式、帮助资深记者录入文件，或者像机器人一样写作简单数据稿件。但是，这些基础工作都是锻炼记者提高准确性的重要训练。经常有编辑批评新记者："你连整理录音都一大堆错误，以后怎么采访？"

编辑部内的任何基础工作都是重要的，并不是说整理录音需要多高的智慧，但如果这个环节出现错误，也会直接导致最终稿件的纰漏。

在完成大量常规任务、保证不会出现基本的事实性错误后，新记者才会被分配到那些"最乏味的"新闻采访中去。这类采访相对简单，不易出错，是锻炼的好机会。

认真写、反复写，是成为优秀记者的最佳路径。就像开车一样，只是看别人如何开，哪怕自己能讲得头头是道，也没有实际作用。只有真正坐在驾驶位上，体会方向感、距离感、分寸感，加上不断练习，才可能真正学会开车。

新闻写作也是如此，记者往往在动笔时才会发现自己的问题：大量信息不知如何在稿子里使用，同时又会发现关键信息的欠缺，这些问题不经历写作过程是完全感受不到的。

　　"坚持"二字千金难买。新记者要充分认识到自己稿件的欠缺，虚心接受编辑的建设性批评和修改意见。那些能够坚持下来的记者最终都会获得巨大的回报。尤其在财经新闻领域，恪守准确原则、对专业有充分理解的资深记者会赢得行业的尊重，会有更多机会做重要采访，表达重要观点。这就是我们的目标。

不要被数字欺骗

任何领域的新闻报道都离不开数字。一篇讲述普通人生活和工作的报道，会涉及他们生活的基本层面，比如收入、支出、储蓄和投资。关于政府的新闻，会涉及投资、税收、预算以及各种社会服务的开支。财经新闻充斥着数字，它们往往是整篇报道的支柱，这些数字本身的变化就会产生一篇又一篇的报道。

数字使报道和评论变得具体、坚实和可信，但确实抽象枯燥。读者在读到国内生产总值、国民生产总值、经济增速、物价指数等数据的时候，很难将它们与自己的日常生活联系起来。上市公司发布业绩时的各种数字更让人感觉飘在空中，难以与实际的产品和具体的投资相关联。在这种情况下，只能靠记者在写作时注重分析归纳，增强可读性。

第一步，要明确各类数字和指标的具体含义，不是用教科书语言或专业术语，而是用非专业语言进行准确的描述。

这种工作看上去容易，实际并不简单，一般情况下记者需要向专家学者请教；涉及公司的具体业务，还要询问公司内部高管或财务专业人员。

需要注意的是，财经记者每天耳濡目染各类信息，即便对一些专业术语耳熟能详，写稿时仍会直接使用术语而浑然不知。这个问题也不难解决，一般媒体都有相关的术语使用规范，哪些术语需要解释、如何解释，要求都比较明确；即使没有，记者也可以建立自己的专业数据库，将相关术语及其解释整理出来，用到时直接使用即可。

第二步，是研读数据。很多记者认为我们不是专业人士，不能乱分析数据——是的，不能乱分析，但也不能被新闻发布会提供的新闻稿牵着鼻子走。

一般公司提供的新闻稿往往会把最优秀靓丽的数据写在第一段，发布会上公司高管更会主动介绍这些数据，希望引起记者重视。这些数据有时是财务报表中的关键数据，比如营业收入、利润等，也有可能完全没有出现在财务报表中，比如销售数据、市场占有率等。

采访对象提供的新闻稿无须用客观公正来要求，当然会突出对自己有利的数据，淡化或者直接忽略某些尴尬的数据。对于记者来说，无论新闻稿中怎么说，都必须自己认真阅读财务报表。财务报表不会说谎也难以粉饰，读懂后就了解公司的真实情况了。

很多时候，新闻通稿除了给出一些关键数据外，还会隐藏一些数据。这就需要财经记者自己进行收集整理，例如，可能有必要将这一年的收入与上一年的收入做比较，或者与上年同期相比。一般这种比较数据都是新闻稿中必然要提供的，如果没有，那么就说明这个数据背后可能有新闻，值得研究。

如果新闻稿的重点是销售数据，或者是一些非标准的（非公认会计准则）的表现，比如"调整后的收益""一次性收费""补贴"等，而那些最基本的数据，比如公司的净收入或季度利润等没有出现，可能说明这家公司的实际收入不高或者很差，才需要注水数据来充门面。

另外，新闻发布会上通常会强调收益，不过记者应该注意将不同区域的销售情况分开，比如将亚洲、欧洲的销售与北美的销售分开。

我记得有一次在课堂上，罗什教授请大家给美国知名连锁餐饮企业做排名表，同学们的回答快速统一——"麦当劳""星巴克""汉堡王""塔可钟"。

罗什教授问："为什么没有人说肯德基？"学生们一脸疑惑，因为在美国，肯德基几乎没有什么市场，门庭冷落。

"肯德基在中国可是非常流行的，它的亚洲区业绩远远超过北美市场。"罗什教授说，"相反，麦当劳和汉堡王的亚洲市场就远没有这么成功。"

对于财务报表，公司还会用一种常见的手段，转移税息折旧和摊销前利润（EBITDA），即未计利息、税项、折旧和摊销前的收益。税息折旧及摊销前利润会比营业利润显得更丰厚，因此成了资本密集型行业、高财务杠杆公司在计算利润时的常见选择。公司通过吹捧税息折旧及摊销前利润数据，把投资者的注意力从高额债务和巨大费用上引开，从而粉饰出一张诱人的财务蓝图。这是财经记者需要留神的。

另外，在所有采用非国际会计准则的财务报表中，所有的费用排除完全由公司决定，也就是说，净利润完全由公司控制。这种非标准化的数据根本无法与其他公司做客观比较，甚至同一家公司的业绩也难以进行年度或者季度比较。因此对于记者来说，不宜采用任何非国际会计准则报表的数据。

分析师的数据解读也需要慎重使用，除了少数例外，华尔街的分析师都是"卖出"的一方。虽然他们标榜自己与股票销售中间有"隔离墙"，但他们最终的目的还是刺激投资者对股票的兴趣。

当然，记者不需要变成分析师或者行业专家。市场上有大批愿意发言的专家会解读各类新闻，记者的任务就是多采访不同利益群体，必然会有收获。

准确比速度更重要

"要快还是要准？"干新闻的人往往会被这个问题难住。

进入互联网技术时代，媒体人无可选择地要争当新闻时效的第一名。但究竟如何在保证准确的前提下抢得报道先机，是这个行业最大的难题。美国总统特朗普每天把假新闻（Fake news）挂在嘴上，用作政治斗争的武器。但客观地说，虚假新闻确实无处不在。

毋庸讳言，有些媒体、记者以小道消息为生，对发出去的信息不加核实。尤其是近年来涌现的一部分自媒体，抄袭、造假、杜撰、造谣成为日常，彻底打破了新闻记者的从业底线，乱象丛生。

新闻造假在全球恐怕是通病，但严肃媒体绝对不会蹚此浑水，这关系到最基本的价值观。

在财新传媒的日常报道中，为了避免报道出现错误，一般情况下，内部流程要求记者对新闻事实的核实至少需要三个独立信源，编辑也会独立进行交叉核实。但即使这样，仍然可能出现误报问题。

2016年3月，财新网发表了《多家券商债券负责人失联，债市风暴升级》一文，文章不长，但涉及四五家在债市举足轻重的券商。当时债市因为各种违规操作，持续有多个案件爆出，整个市场风声鹤唳。财新记者在发表前进行了反复核实，但是没有获得这几家券商的正式回应。这种情况在财经新闻领域很常见，经常公安系统已经公布了案件，相关当事人仍然拒不回应。编辑判断此次也属于这类情况，因此决定发表报道。报道上线20分钟后，文章中提到的一位"失联"副总裁直接打电话到编辑部，表示自己并未失联，编辑部在确认后，立刻更正了报道并发表了致歉声明。

这类情况国内外媒体都会经常遇到。

2011年1月8日，美国亚利桑那州历史上最年轻的州参议员加布丽埃勒·吉福兹（Gabrielle Giffords）在亚利桑那州图森市的西夫韦（Safeway）超级市场外举办"国会就在你的街角"（Congress on Your Corner）活动时，遭枪手击中头部受重伤，被紧急送入医院。当时被枪手击中的另外还有18人。

美国有线电视新闻网副总裁兼资深编辑格里菲思（Richard T. Griffiths）回忆当时的情况时说，由于吉福兹是国会议员，又是年轻女性，该事件引发非常大的关注。奥巴马总统随即发表声明，谴责歹徒，并吁请国人为吉福兹及其他受害者祈祷。

在吉福兹入院后，很多人说她已经死亡。"当时我们派出了三名记者参与报道。当时有四个信源确认了吉福兹的死亡，包括联邦调查局、当地法院、图森市的警察，以及一名目击者。"美国国家公共电台和美国全国广播公司随后援引这些信源公开报道了吉福兹遇难事件。

"美国有线电视新闻网当时一直想跟医院方面确认，但一直没有得到确切答复，因此也没有发布死亡的报道。"格里菲思说，"这个谨慎的决定最终证明是正确的。"

吉福兹经抢救后幸免于难，并逐渐恢复了行走、言语、阅读、书写的能力。2011 年 5 月 16 日，她来到佛罗里达州的肯尼迪太空中心，观看了由她的丈夫、美国宇航员马克·凯利（Mark E. Kelly）指挥的奋进号航天飞机的第 25 次，也是最后一次升空过程。2012 年 1 月 22 日，吉福兹宣布，因头部的伤势辞去联邦国会众议员的职务，但她同时也承诺将来会继续投身于公众服务事业。

"美国的新闻编辑部之间竞争非常激烈——你先报道几人被击中，我就要报道开了几枪，接着就是谁被击中、谁死了，任何一个细节都在激烈的竞争中。"格里菲思说，"因此，发出每一条新闻都需要编辑胆大心细，坚持原则。"

格里菲思总结的报道原则，主要是强调信源的可信度。

比如吉福兹案中，联邦调查局、当地的警察都是可信度非常高的群体，但是否宣布死亡，还是需要来自医院的最终结论。

此外，目击者在这类事件中可信度并不高，因为目击者无法做出医学判断，同时目击者对事件的整体了解程度并不高。

"如果信源出错了，负责任的并不是信源，而是媒体自身，因此其中的风险非常高，谨慎是非常必要的。"格里菲思说。

2012年12月14日，美国康涅狄格州费尔菲尔德县纽敦镇桑迪·胡克小学发生枪击案，导致28人（包括20名儿童）不幸丧生。枪手当场自杀，在他身上发现的驾照显示的姓名是瑞安·兰扎（Ryan Lanza）。警察对外公布信息后，媒体进行了报道，并发布了瑞安·兰扎在脸书上的照片。

但警察随后又发现，枪手使用的是他哥哥的驾照，枪手实为亚当·兰扎（Adam Lanza），警方随后对外修改了信息。

"媒体在报道时一定要说明信源，这样读者才会知道是谁犯的错误。"格里菲思表示。

不过在吉福兹枪击案中，美国有线电视新闻网也犯了个大错。

就在警方确认枪手姓名后，美国有线电视新闻网第一个发布了枪手的照片。"照片来自枪手的聚友网（MySpace）照片，记者比对了枪手在其他社交媒体上的头像，也都是同一张照片。我们发布照片一小时之后，一个愤怒的电话打了进来——"格里菲思回忆道。

"电话里的声音异常愤怒：'你们怎么能这样对待我的儿子？！他才十几岁，他从未去过那个地方！'"

原来枪手用了别人的照片作为头像。

"我立刻向我的上级报告，我的上级又去报告他的上级。我们马上找律师准备应诉，同时发布更正，做出道歉，诚恳地道歉。虽然最后我们没有被起诉，但这是一次非常严重的报道失实事故。"

这次事故之后，美国有线电视新闻网确立了一个规则：不再使用社交媒体上的照片。

对于信源的确认，除了需要坚持要有多个信源的原则，还要考虑信源本人的立场、动机、利益关系等因素，很多来自同一利益群体的信源不能视为多个可用信源。

美国著名歌手迈克尔·杰克逊自杀时，美国有线电视新闻网一个记者跟他的家族成员关系很好，去询问后得到否认的答复。但这个信源不应被采信，后来的事实也证明这些家族成员确实没有说真话。

格里菲思总结，保证新闻报道的准确性需要避免几个陷阱——死亡的确认；不同的信源；对不道德行为的指控；社交媒体的照片；同名。

"读者最终需要的是准确。"格里菲思说。

七条规则识破虚假新闻

虚假新闻无处不在。美国总统特朗普平均每周都要发几条推特来批评媒体。他最爱说的一个词就是"假新闻",所有他认为对自己不利乃至仅仅是观点不同的新闻报道,都会被他扣上"假新闻"的帽子。

由于与媒体之间关系恶劣,特朗普没有出席2017年美国白宫记者协会的晚宴,还在推特转发了共和党全国委员会网站公布的2017年美国"假新闻奖"获奖名单,广而告之。

然而,不论特朗普所谓的"假新闻"是否属实,"假新闻"作为一种现象确实无处不在,尤其在互联网日益深入我们的生活、社交媒体放大传播效应的当下。比如在国内,北京大学校长林建华在120周年校庆活动中读错一个字,马上就有伪造他本人名义的道歉信在网上流传;四川航空某架客机行驶过程中挡风玻璃脱落但最终安全抵达目的地,机长并未接受媒体专访,但是他的种种"英雄语录"第一时间就在四处传播。

记者在日常工作中，几乎每天都会遇到半真半假的各种信息。那么如何鉴别自己看到、听到的是不是假新闻呢？

我在这里给出七条规则。

第一条，跳过标题读内容。

标题是新闻报道的关键，在信息大爆炸的互联网上，标题是吸引人们点击阅读的最重要因素。新闻写得再好，内容再独家，标题不醒目，照样不卖座。于是，各类机构媒体、自媒体争相炫技，寻找各种出众词语博人眼球。

大批标题党应运而生，文不对题的现象比比皆是，甚至标题与文章内容完全相反。这种情况在中外媒体同样常见，就连维基百科上都专门有"标题党"的条目，推特上也有一些账号专门揭露这类行为。

很多记者由于工作繁忙，仅仅根据看到的标题来获得信息，这是非常危险的，很容易成为假新闻的受害者。谨记：无论标题如何炫目，一定要点开网页认真阅读，再判断信息真伪。

第二条，看一看信息发布者。

一般说来，媒体都会在标题下方标注新闻机构的名称和作者姓名。如果这两点来源不明，内容的真实性就要大打折扣。而信誉良好的新闻机构及作者，提供的信息可信度大大增加。

严肃的新闻机构非常重视市场声誉，一旦信誉受损，就会严重影响新闻机构的生存。因此，每家新闻媒体都会设立记者、编辑、校对、审读等多层次的专业岗位，防止采编各环节出现任何错误。而一旦出现报道失实或者写作错误，严肃媒体都会认真更正。这是新闻机构的从业底线，中外适用。

在美国，"信誉良好"的评价意味着发行量、阅读量、收益、知名度的增加和读者的信任。《纽约时报》《华盛顿邮报》《华尔街日报》、美国有线电视新闻网、美国全国广播公司、美国广播公司等主流媒体对报道非常慎重，可信度也非常高。因此，读者看消息来源就可以判断信息是否可靠。

第三条，注意内容发布时间。

这点最容易做到，但也最容易被忽略并直接导致假新闻出现。

对于记者来说，不同的信息在不同时点发布会代表不同的意义。比如，一家上市公司高管对于业绩的预期，记者在网上搜索到一条相关新闻，有图、有人，还是官方媒体发布的，以为是最新言论便拿来引用，最后却发现这条消息是前一年的旧闻。这类错误看似低级，但经常发生。

对于政府、企业等人事变动信息，记者更是要注意是否有明确的时间点，引用前再次确认。在中国，这种人事错误会引发很大的震动，风险很大。

第四条，寻找文章中的信源。

美国媒体要求记者报道时至少有三个以上的独立信源才能够确认事实，而且很多媒体要求记者写作时要写清楚信源，包括姓名、职业等。如果遇到不愿意透露姓名的信源，也要准确描述信源与相关信息之间的联系。这个时候，信源的可靠性就成为判断新闻可靠性的重要环节。实名信源往往都会对其言论直接负责，匿名信源在一定程度上缺乏这种可靠性。

当然，越是重要的新闻，对信源实名的要求也就越高。对于重要和敏感信息，还要考虑媒体自身的公信力。在国内的新闻实践中，很多信源不愿或不能以实名出现，因此读者对媒体报道准确性和公信力的认可，就成为主要的判断依据。

第五条，检查文章中的各种链接、图片、评论等。

一篇报道或评论中所附的链接、图片等，都可以用来佐证其内容的真实性。比如，要确认美国总统特朗普的某一观点是否可靠，可以直接查找他本人的推特。有些媒体为了蹭热点，自己修图，直接制造虚假新闻。遇到这种情况，更需要记者直接找到原文链接查证。

第六条，查看其他媒体的同题报道。

主流媒体不会缺席重要新闻，不会缺失重要信息。因此，同时查阅多家媒体的报道，可以对信息的真实性进行比照佐证。

第七条，自我判断信息是否有明显的倾向性。

这点看似很主观，但是很关键。你可以用常识和逻辑去判断哪些可能是假新闻，而不是只盯着有多少人在转发和谈论。信息的传播渠道很多甚至无孔不入，假新闻也可以跑得很快。

此外，一条信息的转发也附加了传播者本人自身的公信力，因此不加思考的随意转发是极不负责任的行为，而且一旦出现失误，传播者本人的信誉也会因此而受损。看看这条信息是谁转发的，认真思考后再转发，才是对人对己都负责任的态度。

公民记者的警示

所谓"公民记者"，一般是指那些看到、听到或能够识别出某些新闻的普通人。他们在亲历不同寻常的现场时，会第一时间通过互联网上传文本、图片、音频和视频。

博客、门户网站、播客、视频网站等新媒体平台的出现，催生了"公民记者"这一群体。很多时候，他们提供的一手素材成为被热议的焦点，也成为媒体后续跟进的新闻线索，或者成为新闻报道的重要补充，弥补了记者无法出现在第一现场的不足。

不过，记者采信这些素材时需要有足够的判断力和警觉。有时你看到的图片或视频反映出的可能只是新闻的一个侧面，还不能够说明完整的真正的问题。例如，火车站现场拍摄的排队人潮是否反映了你所理解的真实？从拍摄角度看确实是人山人海，很有冲击力，但记者调查后也许会发现，这个情况只出现在某个目的地的列车候车室，其他候车室并非如此；而铁路部门的统计数据，也可能证明此时并非铁路运输高峰。

另外，由于任何人都可以在网上发言或者运营自媒体，没有专业编辑和必需的审核流程为之把关，有些信息或言论可能有主观造假或者恶意诽谤的嫌疑。尽管自媒体平台并不具有大众媒体的特性，但是一旦出现事实性错误或者主观故意的诽谤，发布言论者同样需要承担法律责任，而不加分辨就跟进的机构媒体也需要承担相应的责任。

英国曾有一桩案例很好地说明了这一点。2012 年，英国下议院议长约翰·伯考（John Bercow）的妻子萨莉·伯考（Sally Bercow）曾发布了一条推特，内容暗示麦卡尔平勋爵（Lord McAlpine）与一件儿童性侵案有关。这一信息被多次转发，英国广播公司（BBC）和独立电视台（ITV）两家媒体还就此跟进。

最终的调查结果证明勋爵与此案无关，但是名誉损害已经发生，勋爵在公众眼中已成为一个"恋童癖"。为此，麦卡尔平起诉了萨莉·伯考，尽管后者认为自己没有恶意，仍然被法院判以败诉，需赔偿勋爵的名誉损失，并向其当庭道歉。

麦卡尔平勋爵的律师认为，法院这一判决"为使用社交媒体的人提供了一个警告和指导"，它强调了法律原则是如何应用于社交媒体的。

英国广播公司和独立电视台随后与勋爵达成庭外和解，郑重道歉，并分别赔偿 18.5 万英镑与 12.5 万英镑。此案件显示出在未经充分审查的情况下，媒体争相跟踪新媒体存在很大风险。

新媒体时代的各种谣言和不专业行为参与新闻报道，往往会对社会造成很大伤害。但是谁来担当这些公民记者的"编辑"，以确保言论的表达不涉诽谤，避免对无辜的人造成伤害？毫无疑问，不诽谤、不伤害无辜者的利益，是公民记者们应该遵守的道德原则；法律则是最后的防线，不过，法律保护只会发生在个人或机构的名誉或利益受损之后。正因如此，专业媒体的记者和编辑更应自身多加谨慎，避免不实信息和不当言论被扩大传播带来的影响。

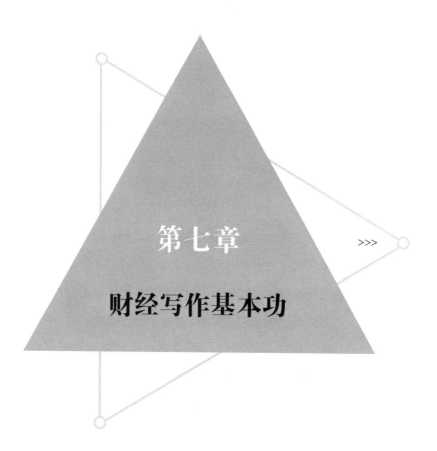

第七章

财经写作基本功

直白浅显最好

在金融市场体系和规则相对成熟的美国，随便翻开《华尔街日报》或《纽约时报》，它们的财经新闻读起来都很简单直白，任何一篇描写复杂金融产品或者金融创新的文章都不会让人望而却步。这当然不是美国新闻记者不懂财经专业，相反，这证明记者水平比较高，能够在自己正确理解之后，用浅显、直白的语言翻译给读者。

2018 年 5 月 14 日，《纽约时报》发表了一篇文章，题目是《为什么美国害怕中国的崛起》。文章不长，也没有充斥各种各样的贸易数据，主要分析美国与中国当前面临的贸易摩擦的背景与走向。

文章写道："特朗普政府一直在努力推动中国对其贸易行为做出重大调整，并限制政府在经济中的作用。这一议程与中国政府保护本国产业和建设新产业的愿望相冲突。这一切都可以追溯到中国经济增长的轨迹和速度。在过去的 40

年里，西方国家一直在努力寻找激励和协议的正确配方，以使中国公平竞争。贸易伙伴经常抱怨中国藐视规则以获得成功。而且没有一个人比特朗普更恶毒地表达了这些担忧。特朗普曾表示，让中国加入世界贸易组织是错误的。

"今年早些时候，特朗普总统宣布对洗衣机和太阳能电池板征收关税，然后又宣布对钢铁和铝征收关税，这引发了人们对贸易战的担忧。今年4月，特朗普政府再次袭击中国，阻止了芯片和软件向中国电信公司中兴通讯的出口，随后似乎重新考虑了这一咄咄逼人的举动，称他和中国领导人正在'共同努力'。

"那么，一个人均国内生产总值低于10万美元的贫穷的发展中国家，如何与现有的经济秩序相抗衡，甚至挑战现有的经济秩序呢？"……

这篇文章里面包含了丰富的信息，包括特朗普政府对中国采取过的贸易政策、曾经的表态、最新的政策走势等。但这些信息并不是对时间、地点、数据等枯燥的罗列，显然是记者在充分了解中美贸易历史后做出的提炼。报道没有对两国关税税率的比较，没有历数制裁中兴的具体条款与金额，但是读者可以从中获知中美贸易摩擦的整体背景与最新动向。

对于读者来说，如果有兴趣深入探究相关的具体事件，可以点击文章中的关键字进一步阅读深度报道。文章的信息量已经足够满足一般读者的阅读要求。此外，除了对专业问题的通俗化表述，遇到难以回避的专业术语，美国的财经报道也会有专门的段落进行解释。

相较之下，我们国内的财经新闻写作越来越专业化，也越来越枯燥乏味，充满专业术语。不客气地说，大部分新闻媒体不重视报道的可读性，很多重要的财经新闻只有与此相关的专业人士才能看懂，甚至审定稿件的编辑人员也感到云山雾罩。很多重要的影响民生的财经新闻在业内评价高、传播广、影响大，但是一离开这个行业就几乎无人问津。直到某天某项政策或事件的发展开始影响到百姓的日常生活，大家才恍然惊呼："还有这种规定？谁说的？什么时候说的？"财经记者此时往往只能苦笑。

不能怪民众不关心财经新闻，只能说财经记者没有让自己的文章与日常生活联系起来。

2018年4月，针对市场上各类理财产品发行机构林立、产品类别复杂、监管规则不统一的现状，中国人民银行、银保监会、证监会、外汇局联合发布了《关于规范金融机构资产管理业务的指导意见》（市场简称为"资管新规"）。虽然这是一套针对各类资产管理机构的投资管理规则，但影响到人们在银行购买的理财产品，涉及金额规模巨大，与普通百姓的家庭生活关系密切。遗憾的是，媒体上大量关于资管新规的报道和分析文章都是在讨论"摊余成本法""非标转标""过渡期"这些专业问题。其实只要把普通人投资的故事加进去，就会大大提升报道的可读性，从而提升传播效率。

要把专业财经问题翻译成普通人都能读懂的新闻，当然并不简单。罗什教授曾经带学生做过专门的训练。一次在课堂上讨论企业并购重组的报道时，他要求我们抛开"商学院语言"，而用普通读者都能一看就懂的语言来表述。

比如他问："一家企业会出于什么原因收购另一家企业？"

"合并机构，提高公司效益。"商学院学生约翰回答说。

"能不能不用商学院语言？"罗什教授提醒道，"他们合并的目的是什么？就是要降低成本、增加收入。稿子应该要这样措辞。"

"提高市场占有率。"商学院学生马拉说。

"又是商学院语言。"罗什说，"换个词，就是变成行业老大。"

"调整组织结构。"商学院学生曼迪说。

"这是一个典型的商学院用词，应该说，他们会换首席执行官。"罗什笑道。

"我知道你们很专业，知道很多专业名词，能够进行高层次对话——但是你的读者不全是这样。"听起来罗什是在赞扬大家都很有水平，但弦外之音谁都能明白。

相信参加过新闻发布会的记者大都有这样的体会：看着主席台上总裁、首席执行官挥舞手臂口中滔滔不绝，沉浸在新闻通稿四平八稳的语境中；忙着择出新闻稿中的关键数据、关键语句，复制粘贴到自己电脑的文档上，然后添加背景资料、专家采访等内容。

"这样做很不好——不是抄袭的问题，因为新闻稿是公开资料，不涉及抄袭，而是语境。如果财经记者按照新闻稿的腔调写稿子，无论加了多少自己的内容，感觉上都很公文化。记者应该把关键数据记录下来，用自己的语言重新组织。"罗什教授说。

他认为，越是资深的记者，越有本事把文章写短、写活、写通俗。那些充满专业术语、政策原文、发言者完整原话的文章，往往都是新记者写的。他们还不清楚哪些内容是重要的或必需的，因此最保险的办法就是把现成的材料都堆上去。

对于财经记者来说，拿到选题后，从最初准备到采访、写作，每个环节都应该提醒自己文章可读性的重要。遇到自己解释不清的专业问题，要勇于请教专业人士，一次不明白就继续问第二次、第三次。许多知名财经记者喜欢爱提问的记者。

财经记者不是经济学家、分析师或市场创造者，尽管了解公司的利润、股票市场的重要性，以及企业的未来前景对记者的写作很有帮助，但向真正的专家询问和请教更为重要。

担心自己学识不够、专业性不够、对数字不敏感的人也不用担心，拿出笔记本，记下数据，随时提问。毕竟你的读者也需要更易于理解的表述。

简洁就是大方

　　年轻记者经常会陷入一种写作怪圈：想把他们采访得到的所有事实凝聚在报道的第一句话里。就像一份原材料无比丰富的沙拉，看上去丰富多彩，充满戏剧性和细节，但实际上食客只会选取他喜欢的食材。

　　新闻报道的第一句话（或开篇段落）被称作导语。请比较一下这样两种导语。

　　"今天，总统站在总统官邸外面，穿着一套深蓝色西装，一条红色领带，他的妻子站在他身边。大理石拱门在早晨的阳光下闪闪发光，映出总统派对的气氛。一群围观者紧紧地挤在一起。总统官邸是由总统的祖父设计的，坐落在宫殿街，以通往镀金大门的林荫大道著称。总统宣布他将辞职。"

"今天，总统在官邸宣布他将辞职。"

第一个导语显然丰富多彩，充满细节，有人物，有景色，甚至还有历史。第二个导语干巴巴的，直奔主题。不过看完这两个导语后，有意愿接着往下读的是第二个导语，因为你急于想知道"为什么，怎么了"。

在信息爆炸的今天，读者分配给阅读的时间越来越少，快速传递信息成为新闻报道的第一原则，各种复杂巧妙的写作技巧正变得相对次要。

法国作家司汤达说："写作只有一个规则：思路清晰、文字简练。"这句话非常适用于如今的新闻写作。

导语不能写得太花哨，也不能太长，一行很好，两行可以，三行几乎已经是极限。如果阅读一篇新闻稿，导语在手机 App 上还需要翻屏，只会让读者耐心全无。

如何做到让导语简练呢？

财新传媒总编辑王烁曾建议，尽可能去掉词句中所有的"的"。我觉得还应该去掉"的"前面的形容词。形容词往往带有很多主观色彩，而简单地使用动词更可以精准传递信息。

此外，在消息导语中，应当尽量避免描述与核心事实无关的场景等细节。导语的任务是交代新闻事实，引发读者继续读下去的兴趣，因此烘托气氛的描写可以留到后面几段。

导语还应尽量避免主观性描述，包括对人物、事件的主观评价。比如，"总统辞职"不宜添加"备受争议"等字眼。当然，文章中可以有专门段落来描述某一种意见，但是在导语中的主观判断会令持不同意见者放弃阅读。

再看一个例子：

"美国总统特朗普免去国务卿蒂勒森（Rex Tillerson）的职务，任命美国中央情报局（CIA）局长接任。"

另一个版本是：

"今天一早，特朗普发布推特称：'中央情报局局长迈克·蓬佩奥（Mike Pompeo），将成为我们的新任国务卿。他将很好地完成工作！感谢雷克斯·蒂勒森的付出！吉娜·哈斯佩尔（Gina Haspel）将成为中央情报局新任局长，并将成为该岗位的首位女性局长。祝贺所有人！'消息人士称，上周五蒂勒森就被特朗普要求辞职。"

第一个导语可谓极简，人物、事件交代清楚，没有任何主观视角。

第二个导语貌似信息量很大，总统发推宣布、中央情报局局长被迫辞职等，但是由于信息太过复杂，阅读显然没有第一个导语流畅。

有时导语里会出现人名、头衔、单位名称甚至数字等，记者对这些内容要有一定的概括能力。比如，中国人大、政协两会报道期间，各位代表、委员的头衔上，还应该有其身份、职务等信息，这样才能反映其专业性。但是这又会造成头衔过长，导语中就要有所取舍，尽量用最简练的词句吸引读者。比如对来自知名企业的知名企业家，就不用将其头衔全部写上，直接点名即可，在之后的段落中再写清楚完整头衔。

再比如，涉及上市公司的报道，规范做法是在上市公司名称后标注上市代码、上市地等信息。但是在导语里这些数字代码显得太过烦琐，可以先不标注，在之后的段落中再标明。

当然，不同的媒体、不同类型的文章对导语的要求不尽相同，也不能一味追求短句子。关键还是要准确传递信息，成功吸引读者继续阅读。

有个办法很有效：只要想想你会如何跟你的朋友、家人描述你要写的这个故事就行了。第一句话一定很短，又传递出最重要的信息。

稿子写多长

记者一年四季白天黑夜奔波劳碌，截稿的焦虑常常大于写作过程本身。

稿件符合编辑的要求吗？内容全面吗？长度合适吗？文字达标吗？这些问题尤其会让新记者心里敲起小鼓，惴惴不安。

一般来说，新闻事实准确到位属于对稿件的硬性要求，编辑在布置任务时就会给出较为详细的解释，记者成稿后一般不会相差太远；文字水平则属于锦上添花的部分，基本要求就是清晰简洁。我所在的财新编辑部对于文字质量的要求有三个层次：杜绝差错，规范文辞，提升写作。

至于写多长，是记者需要认真考虑的问题，因为与前面讲到的有关。

通常无论是网络平台或纸质媒体，都会有相应的篇幅限制，记者交的稿件不会太出格。但常见的状况是，随着采访不断深入，记者对某个问题的理解越来越全面，素材源源不断，写稿时也越发觉得很多内容都很重要，采访对象的哪句话都不舍得删。原本计划 2000 字的稿子觉得应该写成 4000字，原本 4000 字的更觉得要扩展成封面报道，万儿八千字很轻松就拿下了。结果最后到了编辑手里，又被无情地砍回到 2000 字。

出现这样的问题，一是与编辑沟通不够，二是说明记者还是没有听懂、看懂。

新记者往往看什么内容都重要，但真的都是新闻吗？

举一个例子。位于大连的上市公司獐子岛曾两次发生扇贝死亡事件，市场热议，媒体关注。第一次是 2014 年 10 月，獐子岛公告称，因遭遇"冷水团"造成扇贝大量死亡，造成 8 亿多元损失，这大约相当于獐子岛一年的扇贝产值，接近 2013 年獐子岛营收总额的三分之一，是 2013 年净利润的 10 倍左右。受"冷水团"事件的影响，2014 年獐子岛亏损11.89 亿元。

第二次是 2018 年 1 月 30 日，獐子岛再次公告称，存量扇贝异常。后期统计显示此次扇贝死亡损失达 6 亿多元。2019 年年报发布季，大家又关心起扇贝是否跑路，于是有媒体专门派记者去大连现场调查。这一年，气候正常，扇贝没跑，记者据此又写出了一篇稿子。

这类新闻特别容易出现在农业类上市公司中，往往今年有，去年也有，明年还有。而采访到的分析师、专家的说法又非常接近。这时候就需要记者把新闻挑出来，不能忘记旧闻，但也要分清新旧，旧闻可以一笔带过。

财经领域的新记者要比其他领域的新记者下更多的功夫在阅读旧闻上，这不单单是专业性的问题，更是写作重点与模式的学习与借鉴。

让我印象深刻的一件事是，每年春天全国人大、政协两会召开期间，都会有大量记者上会采访。来自各地、各界的新闻人物济济一堂，记者围追堵截，场面蔚为壮观。全国政协委员、经济学家吴敬琏必然是采访大热门。吴敬琏多次在听完记者的提问后，首先回应：请先回去看看之前关于他的相关报道，看看他的哪篇文章、哪本论著，然后再来采访。记者要善于提出新问题。确实，如果记者连一些基本概念都没有搞清楚，对国内、行业内的现状、趋势都没有充分了解，云山雾罩，焉能抢到独家新闻？何况消耗大量精力和篇幅在缺乏新意的问题上，文章自然也无法做到简洁流畅。

有些新闻的话题本身确实比较复杂，比如热门上市公司的并购重组，枝枝蔓蔓可以延伸出很多内容，从公司到人物，从资产到账户，从产品到市场，感觉处处有新闻，处处得说明白。新记者会想，"不是要交代清楚背景吗？不是要写给外婆看吗？"于是，每个细节和过程，事无巨细，样样不漏，结果外婆更看不懂了。

对于这类新闻，财经记者首先要跳出事件本身，高屋建瓴地找到新闻内核。"写稿前先问自己几个问题，说一下要点，再动手。"罗什教授总结经验，"企业兼并重组方面的新闻无非这几个要点：谁、买什么、花多少钱、为什么买、市场反应、投资人和竞争对手的反应。在这里面找到特殊点，快速写 10 段。"

当然，重大交易事件成为市场热点并不断发酵的新闻，还有很多内容可以深挖。"之后的故事可以再从不同角度写，但你想把所有内容穷尽在一篇稿子里，这种想法是非常不科学的。"罗什介绍，《华尔街日报》就非常擅长写这类报道，他们会把出彩的短新闻发在头版，完整故事放在后面的版面，供读者慢慢品读。

如果一个记者不能在有限的篇幅内把一件事情交代清楚，只说明记者对这件事还没有完全理解。因为担心没解释清楚，选择长篇大论，只能说明记者懒惰。

今天新媒体的出现让读者的阅读习惯发生了很大变化，大家更不愿意读长文章了。推特、脸书等平台强调文本的短小直接，视频、图片成为主导，点击量远远超出文字稿件。

希望在最短的时间内获得更多的信息，已经成为当前读者的主要阅读习惯。

与此同时，由于互联网媒体一般没有强制的篇幅限制，万字长文又比比皆是，写作风格千奇百怪，新式词汇层出不穷。

无论新旧媒体，缺乏内容就不成新闻。"内容提供者"的任务就是收集信息、提供事实和分析，无论篇幅长短，都应以完成这个任务为最终诉求。

最重要的前四段

　　文章开头很重要，这毋庸置疑。美国的新闻学院的提法是，写好开头前四段，等于完成整篇报道的90%。这与中国的新闻学院要求一致，即写好导语。

　　新闻被称为新闻，正是缘于其"新"，记者要把发生在最近的新闻事实，以最快的速度传播出去。

　　早期的新闻报道强调用倒金字塔式的方式写作，因为记者们在距离编辑部非常遥远的地方采访发稿，用电话线、电报系统等方式把稿件传回编辑部，此时风暴、动物和其他因素（尤其在战争环境中）随时都有可能破坏传输系统。因此，编辑部要求记者首先把新闻中最重要的部分传递过来，这样即使线路断了，这条新闻本身也能被有效报道并被读者理解——这最重要的部分，就是我们现在说的导语。

　　导语中要包括5个W，即When（何时）、Where（何地）、Who（何人）、What（何事）、Why（何因）。

"这 5 个 W 需要在报道的前四段里写清楚，这样才有可能吸引读者继续看你的文章。"卡萝尔·沃尔夫教授在财经新闻与媒体课上反复强调，"无论什么报道，能够吸引人是最重要的。"

如果干巴巴地写作纯粹的财经新闻事实，能读下去的可能只有熟悉这个专业的群体，无法实现真正有效的传播。因此，很多人把事件的背景融合在开头的新闻部分，从而吸引更多受众。

沃尔夫教授以美国最大的玩具公司玩具反斗城申请破产作为案例，指导学生们如何抓住新闻的主线，写出完整的报道。玩具反斗城成立于 1957 年，经过 60 多年的发展，成为美国甚至全球最大的玩具连锁企业，市值一度高达 110 亿美元，占据美国玩具市场的 22%，但是由于竞争激烈、电商冲击，2018 年玩具反斗城提起破产请求，并关闭了全美 800 家门店，3.3 万多名员工失业。

"第一段，我们必须要知道读者为什么要看这篇文章。"

沃尔夫教授说，作为财经记者，最关心的可能是公司破产后一系列影响市场的信息，比如破产方案是什么、谁会接盘、价格如何确定等内容。但是，真要把这样的内容写在第一段，可能就没人看了。所以作为一个写作者，真正需要首先回答的问题是："玩具反斗城申请破产的新闻为什么会吸引读者？"

同学们的答案五花八门：有人是员工或者员工家属，担心会不会裁员；有人有礼品卡需要用，担心利益受损；要过圣诞节了，大家想知道去什么地方买礼物；还有，实体店会关门吗？股票会涨还是会跌？供应商知道破产的消息后会做何反应？投资人需要了解哪些情况……

"除此之外，玩具反斗城的破产还反映了一种行业趋势，即实体商店被电商冲击后的大面积亏损现状。"沃尔夫补充说。

在这样的背景下，报道的第一段，需要交代玩具反斗城怎么了、为什么申请破产等关键点。

第二段可以描述更多细节，包括实体店的情况、全球的经营状况、当前的偿债安排，等等。

第三段可以从不同角度分析破产案会对行业、投资者、消费者等有什么影响，这需要把大家讨论中关心的细节做进一步归纳和描述。比如，实体店不会关门、礼品卡和积分照旧使用、不会辞退员工、圣诞节要增加员工，等等。

第四段，需要增加一些采访，比如对行业专家、市场分析员的采访，使读者更深入地理解，产品同质化使得消费者快速转移到网上采购的整体背景。

玩具反斗城申请破产的公告中包含了大量信息，定位不同的媒体可以选择不同的写作角度。财经类媒体可以重点关注公司的偿债方案，有哪些机构参与、对资本市场的影响等。本地媒体则可以更多关注当地就业市场、礼品卡的使用情况等消费者更为关注的细节。

"总之，不能通篇都是专业术语，要进行解释，要把看似复杂的故事写清楚。"卡萝尔·沃尔夫在彭博社担任财经记者多年，她的经验是，如果你的稿子只有业内人士能看懂，这个稿子就算是白写了。"不要用专有名词！非要用的话，马上就要做出解释！"

真正理解财经知识后，你会发现用专业名词堆砌的稿子只能说明记者还没有搞清楚事情的本质。金融市场说白了就是买卖，水平越高的人说出的话越浅显。"读者不会有兴趣了解各种复杂的金融工具，记者了解清楚后把关键点讲给读者就可以了。千万不能陷入专业的陷阱。"

她还特别强调，财经新闻也是围绕人的新闻，要找到有趣的故事来写。"文章开头不能是哪年哪月哪日，而应该是人。人的故事才能够吸引读者。"

一小时写作

有的财经新闻是没有条件采访的，记者不可能去现场观察取证，要完全凭经验写作。

"一小时，就给一小时，你要写出一篇10段左右的文章，找到重点，做出对比，写好标题。"一次课上，罗什教授给我们布置了任务，一边发放资料一边说。

学生们拿到手的是美国2017年第一季度的国内生产总值数据。我们要借此学习如何写宏观经济新闻。

"我在彭博社当记者时，如果早上8点半公布经济数据，我需要在7点半以前到达数据发布机构。为了防止信息泄露，记者们都被安排进一个房间，房间里没有任何信号，不能打电话，不能上网，不能跟外界有任何联系。他们会在7点半把数据发给记者，大家有一小时的写作时间。"罗什教授介绍说，"就是这样几张表，一小时黑屋写作，一开门马上发出去。"

宏观经济数据要在同一时间公布给所有人，以确保公平，因此，提前入场的记者及所属媒体均需保证不会提前泄露信息。

统计机构给出的图表，包括历年、不同季度国内生产总值的增长率，以及各产业的分类数据。总共 12 张表，密密麻麻都是数据，重要性毋庸置疑，但数据量大，专业性强。无论中外媒体，最后发出的报道往往都枯燥乏味。除了专业人士，一般受众并不爱阅读或者不明就里。

如何从这些专业数据中找到新闻点，并努力表达得更通俗易懂，让更多人愿意看，唯一办法是要跳出单纯的数据粘贴，而找到更多人的关注点。

罗什教授对记者的要求是，首先需要有一定的专业知识，找到哪个数据是最重要的。比如国内生产总值，就需要关注增长率，包括同比、环比数据，这个数据代表了经济总体走向；之后，需要找到哪个产业对国内生产总值的贡献率更大，或者同比、环比变化大的类别。其他数据如生产者物价指数、消费者物价指数、失业数据等，都是类似的操作。

"一个小时的时间肯定只能凭借之前的经验写作，"罗什说，"文字发挥空间不大，非常考验记者的水平。"

一般情况下，宏观新闻报道的前几段会写重要数据，进行同比、环比；之后联系当前政治格局、经济政策、国际经贸关系、联储货币政策等做出分析；还可以分析这一数据发布后，对市场、对后续经济政策可能产生的影响。

比如，美国 2017 年一季度的经济数据非常引人关注，是因为新总统特朗普刚上任的一段时间，其经济政策与前任总统奥巴马完全不同。大家都很关心，他自大选时就提出的新经济政策是否真的对美国经济有所提振，特朗普是否说话算数。记者可以将这一时段的统计数据与奥巴马任期的数据对比，提高文章的整体水准。

"8 点半到了，大家第一时间发出的稿子基本都差不多。接下来，记者们还会再增加对专家、企业主、消费者等不同人群的采访，以及相关市场对数据的反应等内容，并且不断更新。"罗什介绍。

采访对象其实也是相对固定的，一般会包括经济学家、政府经济部门的人员、企业高管、金融机构高管、行业研究员、普通消费者等，从不同角度加以解读。

"只引用经济学家说法的记者是懒人。"罗什说，"当然这也是最快最便捷的方式，你可以把他们的观点补充在稿子里，但是还要去寻找更多有趣的故事。"

失业数据的发布自然可以引出很多故事。记者可以在失业登记处采访，或者采访企业高管了解用工情况，得到鲜活的素材。

价格数据的发布更可以用生动的故事来解读，大到房屋、汽车的价格，小到牛奶、鸡蛋的价格，都可以写得有滋有味。

"不过特别需要注意的是，单一消费者的感受可能跟发布的数据不一致，这个时候要相信数据，寻找新的故事。"罗什教授说，比如，如果官方发布的数据与记者在超市看到的价格走势不一样，还是要相信官方数据。这就是点和面的关系。

接着他给我们布置了作业：写一篇关于 2017 年第三季度美国国内生产总值数据的文章，数据在前一天已经发布。要求两个以上实名采访，可以通过邮件、电话、短信、网络采访；24 小时上交作业；10 段。

引用与抄袭

互联网时代，新闻写作变得非常容易，又非常困难。

官方的新闻通稿或者网上的信息搜集，经过简单复制粘贴，前后调调顺序，挑几句重点放到导语里，立刻可以成为一篇"新闻稿件"。这就涉及新闻报道中如何正确规范引用信源的问题，因为一旦界限不清就会构成抄袭。

美国对于知识产权保护的规定非常严格，宪法第一章就有专门的条款，"对作家和发明家的著作和发明，在一定期限内给予专有权利的保障"。在此基础上，1790年美国有了第一部著作权法。

美国最新的著作权法规定，著作权的保护期限是作者去世后70年，这比《伯尔尼公约》规定的国际惯例多了20年。假如作品是集体创作或是1978年1月1日以前发表的，那么其著作权保持期是75年至95年。1923年以前发表的作品均属公有领域。这个规则也有例外，一些1963年的作品已经进入公有领域，而另一些早于 1923 年的作品重新被申请版权，因此依然受著作权法保护。

在媒体界，法律对于著作权的定义也非常清楚。

"新闻事实本身不受著作权法保护，但是报道的遣词造句、语气习惯等写作形式是受著作权法保护的。"媒体法教授阿曼达·马丁说。

北卡罗来纳大学教堂山分校对此有自己的规定：学生作业中对其他作品、观点的引用部分，第一需要标明内容来源，第二篇幅不能超过全文的 7%，否则就会被认定为是抄袭。

不过马丁教授表示，这是大学内部的规则，并不是法律；学生不可能因此规定而起诉大学，大学也不能因此而起诉学生。

"新闻写作对于抄袭没有具体的篇幅比例规则，甚至行业内部的规则也没有。大部分媒体有内部自律机制，一旦被发现抄袭，很容易身败名裂。"马丁说。

2010 年，《纽约时报》发生一起记者抄袭丑闻。该记者在报道中"没有注明或交代出处，直接抄袭了华尔街日报社、路透社等新闻媒体的语句"。

2011 年，英国《独立报》专栏作家约翰·哈里（Johann Hari）被指文章转载了别处的内容，却没有注明出处。他立刻公开承认了错误："我确实从其他著作和采访中引用了素材，但我只是想让内容更好理解。"

2012 年 8 月 10 日，《时代》周刊专栏作家、美国有线电视新闻网主持人法里德·扎卡里亚（Fareed Zakaria）承认，他的专栏文章抄袭了《纽约客》上的一篇文章，结果遭到时代周刊社和美国有线电视新闻网两方做出的停职处分。

2014 年 7 月，美国新媒体成功的代表之一、聚合类新闻网站"嗡嗡喂"（BuzzFeed）也因抄袭丑闻而公开道歉。总编辑本·史密斯在道歉声明中承认，编辑本尼·约翰逊曾 41 次"原封不动地"从其他网站搬运内容。"抄袭行为是对读者的欺骗，违背了媒体工作者应该对读者负责的基本职业操守。引用维基百科上的无稽之谈，也是对读者极大的不尊重。"

尽管公开报道的新闻事实本身不受著作权法保护，但美国媒体和法律界会对所谓"引用"提出两个问题，如果这两个答案都为"是"，就属于正常引用范围。

第一，对原始作品的引用，是否增加了新的表达和意义。

第二，通过增加新的信息、新的美学角度、新的理解和观点，原始作品的价值是否有所增加。

这两个看似简单的问题，恰恰是区分抄袭与引用的核心问题，即是否有增值。

比如一家上市公司发布公告，扇贝跑了，业绩可能要亏损。这个新闻事实每家媒体都可以写，没有任何著作权问题。但是如果有媒体采访到了上市公司内部人士，证明从一开始就没有扇贝，上市公司一直在造假，其他媒体在引用这一内容时必须要标明来源，不能作为自己的成果直接照搬；改几个字、调调语序，依然难逃抄袭嫌疑。如果其他媒体记者在此基础上又采访到了更多内容，比如中介机构事先知情、会计师帮忙做假报表等，当然又是一篇有力的新文章。

判定一篇文章是否抄袭并不容易，界定难、取证难。违规成本极低，这也是新闻抄袭层出不穷的重要原因。

"在传统媒体与新媒体融合时代，'内容为王'依旧重要。一旦放弃了对原创作品的敬畏与尊重，抄袭日盛，短期可能会一时风光，长期看这会压制创造力。无论传统媒体还是新媒体，都将失去方向。况且，文章总是抄的话，你必然不会写了。"马丁教授说。

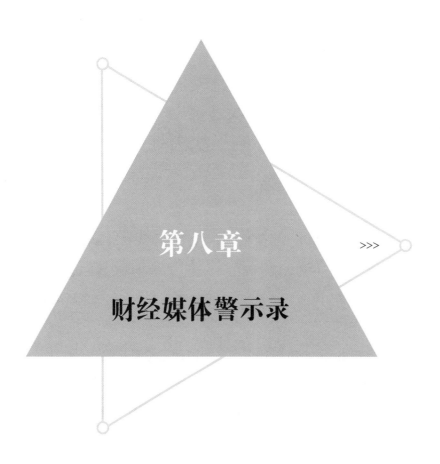

第八章

财经媒体警示录

美国财经媒体的三次灾难

近些年来，美国新闻界一直在反思财经媒体在几次重大经济危机中的表现，现在回头看，几乎可以说是三次灾难。

第一场灾难，是 20 世纪 80 年代末期的储贷危机（S&L Crisis）。

20 世纪 70 年代末期，美国战后"婴儿潮"一代成年，形成了对住房的巨大需求。美国政府动用金融手段鼓励居民购房，为低收入群体向银行申请住房贷款提供担保。80 年代初，里根总统又对房地产业实行税收优惠政策，促使房价节节攀升。美国房屋价格和土地价格分别于 1986 年和 1989 年走向高点，但由于 1986 年国际石油市场的震荡、1987 年纽约股市"黑色星期一"等一系列突发事件的影响，房地产泡沫最终破裂。以储蓄贷款协会为中心的银行业危机全面爆发，1990 年下半年，美国经济陷入衰退。

在储蓄信贷繁荣时期，新闻媒体争相报道经济自由化、税收的降低、贷款规则的放松，并没有质疑这些政策是否稳健、是否偏离了银行贷款长期以来的历史实践。大批投资人在 20 世纪 80 年代末期投入大量资金给储蓄贷款协会。

截至 1995 年风暴完全平息，美国清算信托公司（Resolution Trust Corporation）先后关闭了 747 家储贷所，其账面总资产超过 4000 亿美元。据美国审计总署（General Accounting Office）估算，这场危机给美国造成的损失高达 1600 亿美元，其中 1321 亿美元由纳税人买单。

"这是一场人为制造的灾难，是监管、政治和媒体的多重失败，为了美国梦放松了监管，而新闻媒体则鼓励了这种不负责任的监管。"美国西北大学新闻学院教授乔·马修森（Joe Mathewson）在他的书里，这样评价当时财经媒体的重大失误："这一切导致了欺骗性的会计、欺诈、管理不善和浪费、高风险的贷款、对内部人士的不可靠贷款，以及成百上千宗贷款损失。"

第二场灾难，是指 20 世纪 90 年代的美国高科技泡沫。

在 20 世纪 90 年代，以标准普尔 500 指数衡量，美国股市上涨了 3 倍。这种白热化的上涨是由科技股带动的。纳斯达克市场飙升了 15 倍，许多小型初创企业没有利润，就以分析师无责任的"合理估值"作为公允价值上市，上市前几日就会出现几倍的暴涨。1995 年，一只名为 General Magic

的股票以 14 美元的价格上市，在其首个交易日结束前飙升至 32 美元；Tivoli 上市价格为 13 美元，很快就涨到了 31 美元，之后又涨到 37 美元。美联储主席格林斯潘 1996 年也公开宣称，他"对这个市场很着迷"。

1998 年，美国科技股共同基金上涨了 51%，纳斯达克 100 指数的市盈率为 100 倍。1999 年，美国在线股票的市盈率达到 347 倍，无线通信供应商高通获得了 1700% 的涨幅。

在这个过程中，大部分媒体都为科技股鼓掌叫好，为创新振臂高呼。《芝加哥论坛报》称，"电信视野是无限的"；《华盛顿邮报》则"哀叹"科技股"缺乏投资"。投资者在这样的气氛下疯狂投资科技股，一位美国男子宣布，因为在 1999 年的市场利润高达 100 万美元而提前退休。

不过，从 2000 年至 2001 年，标准普尔指数下跌了 37%，纳斯达克指数下跌了 72%，2000 年全年市价蒸发了 2.4 万亿美元。前述提前退休的男子不但丧失了利润，连投资本金也所剩无几。

与市场狂热相伴的，是各类吹捧新经济的媒体自身也获得了巨额利润。2000 年全年，美国《商业周刊》一共刊发了 6000 页广告，创下了 40 年来的最高纪录，当年利润高达 1 亿美元。事后，不断有媒体研究人士对财经媒体在高科技泡沫中的角色进行分析，指出虽然一直有媒体在提示"非理性繁荣"的风险，但在报道新闻的冲动下，财经媒体因为忠实记录了泡沫发生时的热烈场面，进而助推了泡沫的增长。

第三场灾难，就是2008年的美国"次贷危机"。

2001年高科技泡沫破灭和"9·11"事件后，为防止经济衰退，美联储不断下调联邦基金利率，使储蓄变成实际负利率。这打破了谨慎储蓄与投机风险之间的平衡，刺激了房地产市场的投机心理。在扩张性货币政策作用下，房地产信贷机构不断放松住房贷款条件，新一轮房地产泡沫再次形成并开始膨胀。

简单来说，贷款人为了持续增加贷款规模，降低了贷款条件，许多之前不符合贷款条件的购房者都很容易获得了贷款。之后，这部分可能出现问题的次级贷款又被出售给投资者，放贷人继续增加新的贷款规模。投资者认为，他们通过知名投资银行购买的这类次贷产品经过了银行的审查，但实际上没有人进行审查。与此同时，购房者并不完全理解他们签署的合同条款，更多人涌入房地产市场投机。

2004年6月以后，美联储收紧货币政策，连续加息17次，导致房地产泡沫开始破裂，2007年次贷危机全面爆发，并迅速传导至次级债券（次级抵押贷款证券化产品）。这场次债危机随后向投资银行、银行、保险公司等金融领域蔓延，引发了美国自1930年以来最大的金融危机。最后，很多银行都出现了巨大的亏空。美国政府为此注入7000亿美元，并向多家大型金融企业注资，防止经济萧条。

当时《华尔街日报》曾经质疑房地产价格的急速膨胀是否是"一个泡沫"，《纽约时报》2004年发表的一份高盛研究报告指出平均房价被高估了10%，但许多媒体在整个过程中还是支持了无休止的繁荣。例如，2005年《里士满时报》曾发表文章，建议"购买房地产不计价格"。《今日美国》则称，经济学家认为没有出现全国性的衰退，房屋建筑商对"房价正在下降"的预测感到不满。待美联储出手调整货币政策后，媒体也逐渐开始转向，可惜为时已晚。

时代不断进步，但历史总是惊人的相似。

看门狗为什么不叫

在美国，新闻媒体被称为"看门狗"。遇到可疑迹象，看门狗会大嚷大叫，提醒主人，必要时也会主动进攻，保护家庭。媒体的作用也是如此，遇到损害公众利益或者知情权的问题，就会跳出来捍卫正义。

美国历史上最著名的"水门事件"凸显了媒体看门狗的重要地位，在多家媒体的压力下，尼克松从总统位置上引咎辞职。

不过在上述三次财经危机来临时，媒体却并没有起到看门狗的作用。财经媒体工作者广受指责，社会上批评他们疏离职守，心不在焉，没能及时发现全球金融危机，没能警告毫无戒心的民众灾难即将到来。

《洛杉矶时报》财经记者迪恩·斯塔克曼在 2014 年出版了一本书，名字就叫《看门狗没有叫》，专门讨论 2008 年金融危机时期美国媒体集体缺位的问题。

斯塔克曼认为，财经记者一直依赖与大公司高管的良好关系来采访，这使得媒体一直避免对商业机构、大企业直接批判，各种负面的调查性报道也受到排挤。而正直有力的调查报道，原本有机会将危机扼杀在萌芽状态。

　　英国《金融时报》总编辑莱昂内尔·巴贝尔曾以不同角度反思这个问题。他在 2009 年耶鲁大学的一次演讲中说，记者并不是唯一失职的群体。从政治领导人到各国监管机构，甚至经济学家，都未能及时发现和遏制系统内部积聚的风险。媒体的过错是对这一专业性很强的问题不够重视，在危机到来前表现得比较迟钝。

　　巴贝尔也承认，媒体记者依赖于他们的消息来源，但记者同时又会以批评性的报道惹恼他们，这种两难局面对记者来说是家常便饭。驻扎在白宫的记者、英国负责报道议会新闻的媒体，或是指派到某个球队的体育记者，都是通过"合作"来"搞好关系"。记者的这种做法和处境，与不畏权势、仗义执言的职业理想一直都在斗争。

　　警觉和怀疑的媒体是否能够阻止或缓和危机的发生，尚且无法证明，但可以肯定的是，在三次经济危机发生之前，大部分财经记者都选择与"泡沫"一起前进，选择报道"泡沫"，对那些不寻常事件不加以批判，甚至帮助它们超越历史上的最高点。

事实上，记者，尤其是财经记者，其职责就在于提出不同的看法，敢于对大家习以为常的观点合理质疑。这个道理在投资界早已得到证明，当大家都疯狂时，你要冷静；当大家都悲观时，机会就来了。资本市场的波动，就是源于不同投资人对市场不同的看法，如果出现单一趋同性趋势，那么一定会出现问题。

胡舒立担任主编时的《财经》杂志在 2000 年发表了一篇著名的封面文章《基金黑幕》，解读了一份针对中国资本市场上公募基金进行利益输送的研究报告。记者在文中描述了这样的细节：基金经理们为了讨论"接盘""接庄"等违法违规行为，相约桑拿房，赤裸相见，以保证不留存任何证据。

这篇文章发表后引起资本市场巨大震动。一些业内人士认为，文中揭露的种种不端行为原本就是市场上最常见的事情，内幕交易、利益输送诸如此类本来就普遍存在于所有地方的资本市场，无论成熟的还是新兴的。如果没有证据，凭空指责全行业，报道就没有意义。甚至有人提出，"能够不留下任何证据地进行利益输送，说明操作者水平高超"，仿佛利益输送是合理合法的行为。

好在市场有识之士还是能够拨开迷雾看到真相。由于新闻媒体发挥了重要作用，监管机构加大执法力度，多次出手打击各类利益输送，加强公募基金的信息披露制度。经过这轮洗礼，如今公募基金行业已经成为中国资本市场上最为公开透明的投资人。

20 年后再回首，《基金黑幕》对于中国资本市场的健康发展有着重要意义。它强调了市场中人正确的价值观与道德底线，此后历届监管者都强调以保护中小投资者利益作为首要任务，坚决打击一切利益输送行为。

安然事件中的媒体表现

上一章中我提到的安然事件，在美国引发的轰动绝不亚于"水门事件"，其中不同媒体的表现也值得拿出来讨论。

安然公司在 2001 年宣告破产之前，这个能源巨头拥有约 2.1 万名雇员，2000 年披露的营业额达 1010 亿美元之巨。安然股价在几年内持续飙升，1998 年上涨 37%，1999 年上涨 56%，2000 年上涨 87%，2000 年 12 月 31 日股价为 83 美元。但仅仅过了一年，到 2001 年底，安然就因为被发现欺诈和财务造假而宣布破产。

安然案发后，新闻媒体深入调查挖掘，帮助执法机关发现了大量证据，最终将这家公司各种长期违法行为公之于众。安然公司的首席执行官、首席财务官均被起诉，前者在案件审理过程中不幸去世，后者被判刑 24 年。安然的审计者安达信也因为协助做假账被迫关门。此后，美国国会迅速通过了《萨班斯法案》，以整顿公司治理，加强信息披露。

大部分媒体在回顾安然事件时，都着力突出事发后的有力调查，而对于事发前媒体的"站队吹捧"行为绝口不提。

事实上，安然公司曾连续六年被《财富》杂志评选为"美国最具创新精神公司"。《纽约时报》曾对安然的首席执行官大加赞赏，称其为"想法机器"。该公司所在州的《达拉斯晨报》称其为"全球电子商务领袖"。《休斯敦商业杂志》则这样描述："安然已经显示出广泛认可的创新诀窍，不断创造更多的收入来源、潜在的利润和更多的资本。"在当时互联网高科技热潮下的各类新兴媒体，也因为安然的网络交易和长期契约策略加入吹捧大军。

此外，一些媒体专家包括某些政经领域评论员，都进入了安然公司的工资单，虽然工作很少，但是获得了巨额酬劳，其中包括《纽约时报》和《华尔街日报》评论员等人士。

安然破产之后，媒体研究者开始反思媒体的决策。

经济学杂志《挑战》编辑杰弗里·马德里克（Jeffrey Madrick）在他的书里说："新闻界不但没有揭露安然丑闻，反而积极地帮助制造安然丑闻。"

《布法罗新闻》则称，在过去10年的经济繁荣时期，新闻媒体对大企业大加赞扬，似乎那些首席执行官变成了民间英雄，直到安然事件爆发。

《华盛顿邮报》认为，在安然破产和类似的崩溃之前，媒体应该审视自己为何未能拉响警铃。揭露政府和民选官员的不当行为是媒体所热衷的，但在揭露大公司的违法犯罪方面，媒体就不很积极，尤其是在损失发生之前。因为媒体本身就是肤浅的啦啦队。现在看来，这些报道把一些恶人描绘成了英雄。

不受欢迎的警告

尽管很多人批评财经媒体在近年来的多次金融危机中表现不佳，但财经媒体圈内的人们不服气。

罗什教授就曾专门写了一篇文章阐述这个问题。他在来北卡罗来纳大学教堂山分校执教之前，曾经担任商业周刊社、彭博社、亚特兰大宪法日报社、坦帕论坛报社和萨拉索塔先驱论坛报社的商业记者，在业内颇有名望。

罗什认为，对于金融危机，财经媒体并不是没有发言，也不是没有事先预警。

例如，早在 1994 年，《财富》杂志的记者卡萝尔·卢米斯（Carol Loomis）就预测，在席卷全球的金融危机中，衍生品或者说复杂投资可能是"一个恶棍，甚至是一个反面角色"。她提到的复杂投资，就是如今频繁引发问题的那类投资。

《财富》杂志曾在 2002 年 10 月的一篇文章中指出，"美国的房价正在超越合理和可持续的外部极限而不冷却，价格不断上涨，这是违反经济规律的，就像那些网络公司出现过的那样严重"。2004 年 9 月，《财富》杂志发表了题为《住房市场是否过热？》的文章。率先揭露安然问题的《财富》杂志记者麦克莱恩，也在 2005 年初写了两篇批评房利美（Fannie Mae，联邦国民抵押贷款协会）的文章。

《华尔街日报》关于房地产市场风险的报道则持续了多年，直到最终危机爆发。2004 年，这家报纸的一篇文章将房利美与安然、世通两家公司进行了比较，后两家公司刚刚在上一次经济危机中破产倒闭。2005 年 5 月，该报头版报道披露了购买房地产时承担过多债务的房主；8 月的头版报道，则指出贷款人出售更多抵押贷款的事实，因为投资者需要支持他们的证券。2006 年 3 月，《华尔街日报》发表了关于可调整利率抵押贷款危险性的头版新闻；同年 12 月，一篇关于拖欠次级抵押贷款增加的头版文章指出："如果拖延付款和止赎持续高于预期的速度增长，那么痛苦可能会超越房主和贷款人，延伸到购买抵押支持证券的投资者。"

2007 年，《纽约时报》记者写道："通常情况下，只有在火热的市场消失之后，我们才会看到买家和卖家忽视的风险。"该报随后还发表了一系列文章，揭露那些家庭主要劳动力因为参军而缺乏主要经济来源的家庭，仍然被银行推动以高于常态的高成本进行贷款。这些报道引发了一场风暴，国会就此举行听证会，并通过法律禁止这种做法。但是其他人的贷款行为仍然被忽视。此外，也有人对房贷市场有关的会计方法提出了质疑。

《华盛顿邮报》专栏作家史蒂文·皮尔斯坦多年来一直在警告金融风险。2007年8月1日，他在专栏中写道："现在的金融工程鼓励负债累累，一旦信贷出现问题，整个系统都会倒塌。"他的一系列关于即将到来的经济动荡的专栏文章在2008年获得了普利策奖，这是这一奖项有史以来第一次颁发给财经类评论。

在回顾了大量媒体报道和评论之后，罗什认为，这就是财经新闻行业面临的问题：没有人乐于看到对市场不利的消息，尤其是当股市正在攀升，而我们所有人的退休养老计划都与之密切相关的时候。大家对于不想听到看到的内容充耳不闻，因为这些不符合我们的期望。

他由此得出结论：财经媒体工作者其实一直都在提示风险，他们没有睡着，他们很努力，作品也非常丰富；但是在喧嚣的牛市狂欢中，让公众关注可能出现的复杂的金融风险是多么不容易。

2003年，哈佛商学院教授格雷格·米勒研究了260多例会计欺诈案例后发现，其中近三分之一的案件在美国证券交易委员会进行调查之前，就已经被财经媒体发现并报道："这些文章中的每一篇，都根据对公共和私人信息的分析，指出会计不当等问题。"

亚利桑那州立大学财经新闻中心主任安德鲁·莱基对这种情况有一个比喻——"用闪闪发光的包装纸和蝴蝶结包裹起来圣诞礼物"，"没有人想要打开它看看里面究竟是什么，读者只想阅读他想要相信的内容"。

走出摩天大楼

虽然不愿意面对历史和现实，但是在 2016 年美国大选、英国脱欧两件重大新闻上，大批欧美主流媒体预测错误，直接被打脸。原因在哪儿？

在 2016 年美国大选中，即便是力挺特朗普的福克斯广播公司的选前民调，也一直显示希拉里·克林顿在全国和多数摇摆州全面领先。《纽约时报》一度认为特朗普获胜概率仅 5%。到 2016 年 10 月底，美国发行量前 100 名的报纸中，有超过 50 家公开认为希拉里获胜概率最大。

《经济学家》的新闻编辑莱奥·米拉尼（Leo Mirani）说："因为这些媒体都是坐在华盛顿、纽约或者伦敦的办公室里写稿子、做采访，采访对象也是他们熟悉的群体、跟他们观点相同的人。他们并没有深入整个国家。"

2016 年 11 月 11 日，美国大选结束后，《纽约时报》发行商阿瑟·苏兹贝格发表致读者的公开信，承诺将"反思"

对 2018 年美国大选的报道，并将重新进行自我调整，诚实地报道"美国及整个世界"。

负责评论和监督报道的《纽约时报》公共编辑莉兹·斯贝德也写道，读者正迅速发来抱怨信，有人要求他们多关注选举人团，还有人表示，"请从你们纽约城的摩天大楼上下来，加入我们"。

想了解一个国家所有人的观点当然不可能，各类选举预测与结局经常出现反转也是这个原因，不过对于记者来说，当前的媒体环境早已变化，仍旧固守传统的采编思路已不可行。

"记者们生活在象牙塔里。"米拉尼说。他们在工作地点上就已经被屏蔽在民众之外，打交道的都是同类人群：政界人士或学者，具备某种程度的专业性、理性，以及共同的交流风格。

不管媒体愿不愿意承认，他们都会认为自己是社会中最有责任感、最有理想抱负的一群人。这群人的出发点不是个人利益或者小团体利益，而是从国家、社会的整体利益出发，从人性、伦理道德的关怀出发，去找选题、采访和写作。

"财经记者最不屑于谈论股价涨跌——其实这是错误的。"罗什说，"不让财经记者投资股票，并不意味着他们可以忽视股价，也不意味着他们可以脱离市场，只关心政策、机构和大企业。任何重大的财经新闻都与市场有关。"

这个问题在中国的财经媒体界同样存在。政策面的信息、企业的重要信息往往是记者追逐的热门话题，但是市场上的各种变化会被很多财经记者所忽略。另一类媒体则完全相反，过于关注市场，以至于价值观直接与市场投资者合一，对所有新闻的报道解读都从市场投资者角度和利益出发，对利多市场的政策不加分析地叫好，这显然又丧失了客观、公正的立场。

"这确实是一个矛盾，记者过于关注市场价格，就会陷入与一般投资人一样的状态，甚至会丧失冷静客观的立场。这需要媒体明确定位，记者增加经验，编辑提升水平。"罗什说，"不过，知道市场上的人都在想什么非常重要，总比坐在办公室里想象选题要真实很多。"

一次在课堂上，罗什带学生分析可口可乐公司年报。他提问："有谁认识像可口可乐首席执行官一样年薪 1700 万的人？"

学生亚瑟举手："我认识一家医疗公司的首席执行官，他住在我家附近。"

"他有什么特征吗？"罗什问。

"他热衷于运动，没什么特别的——挺爱聊天的，特别关心新技术。"

"他都聊什么呢？"

"他跟每个人都聊健康问题，当然，他是开医疗公司的。他跟我聊天就是讨论各种新技术，可能他觉得我比较技术派吧。"亚瑟是读商学院的，看上去确实挺有技术范，各种电脑问题都能轻松搞定。

"如果你要写医疗公司的稿子，了解这位首席执行官的想法非常重要。此外，你还应该更多了解投资人、客户与竞争对手的看法。"罗什说。

对于记者来说，能够与公司高管建立直接联系进行采访，固然非常重要。但很多记者就此止步，认为独家专访就是新闻稿件的全部。短期看，这类稿件可能会引起重大的反响，但是从长远看，则往往成为他人的嫁衣，为新一轮新闻热点做铺垫。有效率的媒体不会单纯发布这种稿件，而是会辅之以其他采访和分析，全面地报道。

全面——这也是记者需要从美国大选、英国脱欧报道中吸取的教训。虽然对美国总统特朗普的评价不一，但是媒体不应该忽视其他选民的想法和愿望，不应沉浸于被分割的世界中。无论哪类新闻，记者都应该尽力了解更多，而不是选择自己熟悉的内容，甚至只听见自己的回声。

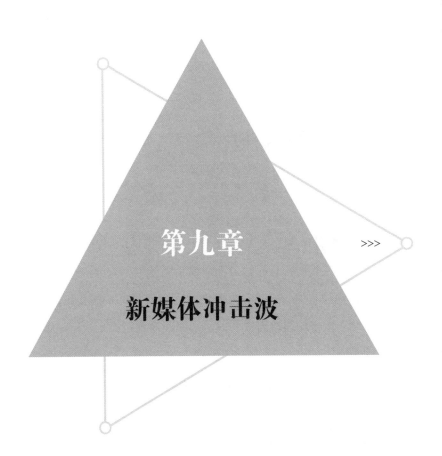

第九章

新媒体冲击波

四个人办一份报

"我们有 70 名编辑和记者，其中包括 10 名摄影摄像记者。现在我们所有的精力都在数字媒体上——包括网站、社交媒体和其他新媒体。只有四个人负责做印刷版报纸。"位于北卡罗来纳州首府罗利的《新闻和观察家报》执行主编约翰介绍说。

"四个人！真的只要四个人就能出一张报纸了？"我很震惊。

"是的，这四个人每天晚上 6 点钟上班，9 点钟会把大样发给我，一般我都不会做任何改动。"约翰说。

"那么谁负责选择稿件？确定哪篇文章上头版？哪篇文章放头条？"

"我们是根据网站上的点击率来确定的，点击率高的稿件就放重要位置。"约翰说，实际上，这四个人的工作就是选择一下稿件并做简单编辑。复杂的编辑工作，包括稿件编辑、标题、提要等，都在网稿发布时完成了。

《新闻和观察家报》印刷版目前发行量为 10 万份，每天会出版 20 多个版面。周日报纸的发行量会增加到 12 万份，版面更多，包括大量漫画、字谜游戏和广告等。

这份报纸隶属于美国麦克拉奇报业公司（The McClatchy Company），总部创立于 1857 年，位于美国加利福尼亚州首府萨克拉门托，旗下有 29 种日报、社区性报纸、网站、手机报以及广告、出版、直销等业务，主要报纸包括：《萨克拉门托蜜蜂报》《沃斯堡明星电讯报》《堪萨斯城星报》《夏洛特观察者报》《迈阿密先驱报》。1995 年，公司收购了《新闻和观察家报》。

"我们选记者的标准很简单，除了文字要求，首先要能熟练运用各种新媒体技术，同时还要有充分的新闻热情。我们要求所有记者都能掌握全媒体报道技能，每个人都可以随时拍照片、拍视频。"约翰说，"视频是广告商最愿意投入的部分。"

据他介绍，从目前美国媒体的广告收入看，呈现纸质媒体下滑严重、数字媒体增长快速的局面。另一方面，纸媒广告的下滑速度大大超过数字媒体广告的增长速度，中间存在着巨大的缺口。

"我们报纸上的广告是 5000 美元一个版面，网站的广告可没人给这么多钱。"约翰说。2016年《新闻和观察家报》数字媒体广告部分增速20%，但"目前我们还不知道什么时候能够出现黄金交叉"。

与一般的地方性报纸不一样，《新闻和观察家报》的报道内容并不局限于当地新闻。这是由于它地处北卡罗来纳州首府，附近有杜克大学、北卡罗来纳大学教堂山分校、维克森林大学等知名高校。同时，北卡三角洲地区高科技企业众多，读者整体水平相对较高，他们不但关心身边的新闻，也关心国际、国内各类政治和经济新闻。

"因此我们的报道领域很宽泛，"约翰说，"我们判断新闻的标准就是受众是否喜欢看，有多少人看。点击率是第一标准。当然，也不是唯一标准。"

约翰介绍，目前社交媒体导入流量很大，大家看新闻都是在社交媒体上看标题和提要，感兴趣的再点进去。报纸网站的流量也主要来自社交媒体。而印刷版能够维持较稳定的发行量，主要是因为40岁以上读者习惯每天吃早饭时看报纸，到了周日这个数字就更大了。"对于我和我的团队来说，有没有印刷版报纸都可以。我们的重心并不在印刷版上。"

"在广告收入压力这么大的情况下，有没有'有偿新闻'或者'有偿沉默'的担心？母公司会不会干涉报道？"我问约翰。

"当然，除了有偿，还有威胁、起诉等。但我们是有新闻伦理的，报道不会因此而动摇。我们的母公司从未干涉过我们的报道，以后也不会。"

数字媒体革命

"当前这个时代就是一个媒体革命的时代，是数字化媒体革命，是从谷登堡（Gutenberg）到扎克伯格。"新闻学院院长苏珊·金在一次给我们的演讲中感叹道，"数字媒体革命不是一时的狂热，是真的革命啊！"

作为美国排名前十的新闻学院的院长，苏珊有着丰富的新闻从业背景和旺盛的精力。她曾在华盛顿担任了20多年记者，成为政治、外交及重大问题报道的政治分析家；之后在美国劳工部工作了5年，担任美国劳工部公共事务助理部长和家庭与医疗休假委员会执行主任；1999年成为纽约卡内基公司对外事务副总裁；2012年正式出任北卡罗来纳大学教堂山分校新闻学院院长。

在演讲中，苏珊比较了美国"婴儿潮一代"（Baby Boomer，出生于战后生育大潮，约1945—1960年）、"X 一代"（出生于20世纪60年代中期到70年代末）与现在"千禧一代"如何获取政治信息的数据。"婴儿潮一代"有 60% 的人是从电视上获取信息，39% 是从脸书获取信息；相比之下，有 51% 的"X 一代"和 61% 的"千禧一代"平日获取新闻主要依赖脸书。

在 2016 年美国大选期间，有 15% 的推特账户是由机器人掌管的。

多年以来，一直是机构媒体主导着公众获取信息的渠道和内容。因此，媒体从业者长期是社会中的重要主导者，他们决定采访什么人、报道什么样的故事、做出什么样的判断，最终影响着读者接收什么样的信息和观点。与此同时，由于新闻媒体的广泛传播效应，各种商业机构会在媒体上发布广告，媒体也因此而赢利。

曾几何时，"9·11"事件突发，人们最初是从电视上获知这一消息，之后才是报纸、杂志铺天盖地的报道，舆论导向完全由编辑记者控制。"向美国宣战""最黑暗时刻""袭击美国"等著名标题都来自当时的知名媒体。

"这说明了媒体的力量，"苏珊说，"然而这一切已经成为过去时——虽然媒体人不愿意承认，但是变革已经到来。"

由于互联网技术和科技设备的快速发展，今天每个公民都有权利进行信息的发布与分享。"人人都是记者，"苏珊说，"甚至真正的记者还需要在互联网上询问到底需要什么样的报道。"

2017年8月，美国弗吉尼亚州夏洛茨维尔市发生"右派团结"集会，引来上千名白人至上主义者参与，并引发激烈冲突。《华盛顿邮报》的记者韦斯利·洛厄里（Wesley Lowery）在报道这个新闻时在推特上询问："你们需要什么样的新闻？哪个角度？想问什么问题？"这篇推特获得了100多人次的回应。

与大众互动最积极的人，也许当属美国总统特朗普。他习惯每天早上发布几条推文，就当前政治热点等问题发表看法。特朗普的推特有4870万人关注，基本上每条都有几万人点赞，上万人评论或者转发，传播力远远大于任何主流媒体。要知道，美国有线电视新闻网的推特平均每条也只有几百上千条的点赞和评论转发。

新媒体在互动功能上远远优于传统媒体。特朗普在推特上说要对欧盟汽车征收更高关税，经济学家克鲁格曼就在推特上反驳，指出美国政府制定的出口指南中，明确规定了3%的平均关税。

新媒体便捷有效的互动性是对传统媒体最大的挑战，也是传统媒体迫切需要变革的关键。

"传统媒体会有《读者来信》《读者反馈》这样的栏目，当然发表的也都是经过编辑选择并加工整理后的内容，这与新媒体时代直抒胸臆的表达完全不同。新媒体的互动更真实，传播效果更佳。"苏珊说，"现在的政治家可能不会特别在意媒体怎么说他，反而更关注自己推特下面的评论。"

正如美国知名商业新闻记者和学者、《商业周刊》前主编、纽约大学新闻学院创始院长斯蒂芬·谢泼德（Stephen B. Shepard）所说："在我们所知的传统世界里，职业记者是主要负责人，我们决定了该做些什么以及如何去做。现在互联网动摇了我们传统的地位，受众现在有发言权了。"

"在这样全新的背景下，新闻学院培养的学生除了要掌握数字媒体技术，还要拥有新媒体的心态与判断力。"苏珊说。

被不均衡消费的新闻

互联网时代信息爆炸，大众可以获悉更多不同角度的观点和信息，从而得到更为公允客观的结论——这种想法已被证实是一种幻想。

阿姆斯特丹大学的莱尔凯什（Yphtach Lelkes）、独立研究者苏德（Gaurav Sood）和斯坦福大学的艾扬格（Shanto Lyengar）等人在 2015 年发表了一篇论文，他们分析美国政治新闻的数据后发现，随着互联网技术普及，新闻作为一种需求反而更容易被不均衡地消费，受众原有的政治倾向得到显著强化，从而导致社会意识形态的分裂。

"看上去用户得到的信息很多，正面和反面的意见都有，但是真正被接受的，都是自我选择或被动选择后符合用户自身观点的信息。"北卡罗来纳大学教堂山分校媒体与新闻学院教授弗雷尔·盖尔利说，"这就是传播学中的信息茧房理论。"

早在 19 世纪，法国思想家托克维尔（Alexis de Tocqueville）就已发现，民主社会天然地易于促成个人主义的形成，并将随着身份平等的扩大而扩散。在美国著名法学教授卡斯·桑斯坦（Cass R. Sunstein）看来，网络信息时代正在带来更多资讯和选择，但看似更加民主和自由的表象下面，其实蕴藏着对民主的破坏。从网络茧房的个人表征方面观察可以发现，网络茧房以"个人日报"的形式得到彰显。

桑斯坦在《网络共和国》的开篇，生动地描述了"个人日报"现象。在互联网时代，伴随网络技术的发达和网络信息的剧增，我们能够在海量的信息中随意选择我们关注的话题，完全可以根据自己的喜好定制报纸和杂志，每个人都可以拥有为自己量身定制的一份个人日报。这种信息选择行为会导致茧房的形成：当长期禁锢在自己所建构的信息茧房中，个人生活将呈现出一种定式化、程序化的状态。长期处于过度的自主选择，沉浸在个人日报的满足中，失去接触和了解不同事物的机会和能力，不知不觉间为自己制造了一个信息茧房。

在互联网时代，由于信息过载，人们不可能无差别地接受全部内容，很多时候人们先根据自己的倾向性做了筛选。比如，一个特朗普的支持者，会因为观点趋同而觉得福克斯广播公司的新闻和评论更有道理，而越是经常看福克斯广播公司的新闻，越会觉得《纽约时报》、美国有线电视新闻网这类媒体在歪曲事实，制作别有用心的"假新闻"。

在社交媒体上也是如此。无论微信朋友圈、微博，还是推特、脸书，在这些平台上人们所接收到的信息，大多是自己相熟或者信任的人发布或转播的，观点趋同；长期下来，更是形成了观点相同、惺惺相惜、一言不合马上拉黑的行为习惯。这样就逐渐形成了一个观点闭合的"圈层"，让人们不知不觉在其中强化自己的观点。

新媒体时代没能打破原有的圈层，反而因为信息能够更垂直、更精准地到达用户，构筑起了更多细分的小圈子。这也正是现在每个热点话题都能"撕裂朋友圈"的原因之所在。

以我所在的北卡罗来纳州为例。这里位于南方，相对保守，是美国共和党的阵地，有为数众多的特朗普支持者。但教堂山是一座大学城，我接触到的大部分学生、教授都倾向于自由左派，平时阅读和观看的新闻媒体多是《纽约时报》《华盛顿邮报》《时代》和美国有线电视新闻网一类。大家谈论起美国总统特朗普来多有不满，提及他的种种政策、言论更是不屑，与仅隔20英里外的卡瑞市民众的观点完全相反。

新媒体时代的信息传播超越了原有地域、文化的聚集影响，让用户根据自己的阅读数据来筛选新闻。社交媒体的用户对此应该都有深刻的体验，那些推送给你的新闻大多都契合你的关注点，要么是你对话题感兴趣，要么是价值观与你趋同。而随着新闻客户端不断累积用户的阅读习惯数据，用户将会看到越来越多符合自己兴趣取向的新闻，从而进一步强化自己原有的观点。

更有甚者，如今某些平台不只通过数据分析来推送新闻，提升流量，还会为用户定制新闻，从而操纵读者的想法和选择。

2018 年 3 月，脸书股价大跌。其原因据称是《卫报》和《纽约时报》等多家主流媒体曝出消息，在 2016 年美国总统竞选期间，脸书剑桥分析公司未经允许就访问和使用了 5000 万脸书用户的数据，并向用户推送具有高度针对性的政治广告。这一做法可能给美国大选的结果带来了难以估量的影响。

以上分析是针对政治观念的，在其他新闻报道领域，情况也不例外。

新时代的议程设置

北卡罗来纳大学教堂山分校媒体与新闻学院的"院宝"级人物是唐纳德·肖，与马克斯韦尔·麦库姆斯提出了传媒学史上非常著名的议程设置理论，即大众媒介议题的显著性程度对公众议程具有重要的影响。换句话说，就是媒体写什么，公众就会关注什么。

议程设置理论在前互联网时代当然很容易被接受，但是进入互联网时代后，尤其如今各类网络社交媒体蓬勃发展，美国有推特、脸书，中国有微信、微博，这一理论是否已经过时？

既然我人在教堂山，当然要当面请教肖教授。

肖教授已经70多岁，衣着随意，仍然精神矍铄，每年新闻学院都会请他给学生们做讲座。"我现在不上课了，在家办公，有两个博士生帮我做最新的课题。"肖说，"我不能永远活在1972年，也得与时俱进。我正在做2016年大选的

232

课题。"

　　肖先向我们介绍了几十年前的研究过程。他与麦库姆斯都是北卡罗来纳大学的年轻学者。麦库姆斯在加州大学洛杉矶分校任教时，发现人们倾向于讨论当天主流报纸等大众媒体报道的话题，因此，他希望与肖共同开展一个关于议程设置的项目。

　　项目选择以教堂山地区的报纸、电视、杂志为样本，并编制了内容分析的编码单，让学生来记录 1968 年总统竞选期间大众媒体提及的不同主题。项目使用概率抽样，在教堂山地区内选定了约 100 个样本，并派学生入户访谈，询问什么是最重要的主题。最终，研究者独立地测量媒介提及的议题以及公众提到的议题，并将二者加以匹配。初始相关系数非常高，达到了 +0.97。一些议题非常广泛，其中 7 到 9 个议题的相关系数非常高。因此两人将研究结果写成一篇论文，于 1972 年在《公共舆论》季刊发表。

　　1997 年，麦库姆斯和肖在一篇研究西班牙选举的论文中，提出了属性议程设置（Attribute Agenda Setting）理论，将其作为议程设置理论的第二层次，大意是，大众传媒在新闻报道中，会对报道对象的某些特定属性进行凸显或淡化处理，从而影响到受众对事物性质的认识和态度。

　　2008 年肖教授再次开展了这项研究。他在教堂山地区使用相同的内容分析和访谈方法，观测了 70 个选民样本及其议题与电视媒体议题之间的相关系数，结果为 +0.87，依然很高。结果同时显示，议程设置从传统媒体向社交媒体转移，不过传统媒体在为社交媒体设置议程方面力量依旧非常强大。

2012 年总统竞选期间，肖再次做了一些研究，成果发表于《公共传播》(*Public Communication*)。文章指出，推特中的新闻内容被受众转发的次数和其在大众媒体中出现的次数是成比例的，因此至少在推特中，依然存在非常强的议程设置效果。肖认为，这种现象在其他社交媒体中也同样存在。

肖认为，传统媒体的地位不可颠覆。社交媒体上会有各种各样的信息，但是直到被传统媒体报道后，这些信息才真正变成一个大事件。也就是说，人们虽然通过手机聚合在一起，但是聚合形成的事件都还在小范围内，不会被普通大众所关注，也不会产生长期效果，更不会导致社会变革。而被传统媒体报道后，这个事件就有可能引发变革。

"特朗普总统每天都发很多推特，但白宫新闻发布会还会回答记者的各种问题，传统媒体还是会加入各类背景写作，这些都比总统本人的言论更全面更深入。"肖说，"读者会更容易接受这个议程。"

大多数议程是碎片化的，在公共舆论的调查中，排在第

一、第二位的议题可能依旧来自传统媒体。在未来，传统媒体的功能可能会进化成某种我们不熟悉的形态。现在年轻人不再是报纸读者，他们也并不在电视上观看新闻，而是在手机上、计算机上看，这也是传统媒体不断转型的方向。

麦库姆斯 2012 年做过的一项研究显示，低度网络用户与报纸议程的相关性是 +0.90。而高度网络用户仍受到报纸议程的塑造，相关性就只有 +0.70，这其中还包括很多传统媒体的网络形式。这是世界范围内的转型，媒体设置议程的权力被不断分散，但是力量仍旧强大。

肖认为，现在从社交媒体向传统媒体的信息转移，并不是反议程设置，传统媒体可以报道社交媒体上的事件。这是一种双线并行发展的方式，传统媒体其实正在全面抢占新媒体平台。

肖提出，传统媒体和社交媒体间的关系像是一个温度计。如果两者高度一致，那肯定不正常，很可能被控制；如果两者过于背离，那么社会一定非常混乱。"我认为，理想的传统媒体与普通大众之间的议题一致性系数，大概是在 +0.70 至 +0.75 之间。"肖说。

曾经多次造访中国的肖认为，"中国的情况不能简单套用美国的理论。中国比较特殊，在新媒体时代情况就更加复杂了"。

1963 年，美国哈佛大学科学史教授伯纳德·科恩（Bernard Cohen）说过，新闻界不能告知公众"怎么想"，但是可以告诉公众"想什么"。

"我们证实了这个观点，但是无论新媒体还是传统媒体都不可能限制公众的思想，人的思想是自由的。"肖说。

"我的死亡报告是夸大的"

传统媒体放入新技术平台就是新媒体了吗？新媒体的拥护者认为，现代通信系统正在削弱传统媒体形式，最终将导致印刷和电子媒体的消亡。传统主义者则指出，报纸行业虽然受到了冲击，但电子版报纸与杂志的阅读量仍然持续上升，卫星电视、卫星广播用户继续激增，他们的收入也没有想象的那么差。

我认为，新技术的出现并不必然意味着旧媒介的消亡。20世纪50年代，电视出现，广播行业顿感危机。但通过引入光盘、电话以及后来的卫星，广播业进行了成功反击。

美国天狼星XM卫星广播公司提供上百个卫星广播频道，内容涵盖新闻、体育、音乐、交通、天气、脱口秀等。它主攻车载终端市场，这是它能在全球商业卫星广播中一枝独秀的主要原因。据2013年的一项调查，美国18周岁以上的驾驶人当中，有15%会在开车时收听卫星广播。截至2013年底，美国有 36 家汽车厂商、281 个型号的汽车安装了天狼星 XM 的接收设备。天狼星 XM 还向用户单独出售车载、家用及个人终端，售价在 49.99 至 149.98 美元之间。目前该公司有超过 3200 万客户。

电视的问世也曾经冲击了电影产业，直到好莱坞大片和多屏幕影院出现，并成为大众娱乐生活中不可或缺的一部分。

传统媒体没有因为新技术的出现而一夜垮台，而是借此改善自身短板，找到新时代里适应新受众的生存方式。对传统媒体悲观沮丧的预言家们，也许应该不急于宣布他们的悼词，因为旧媒体的变革能力同样不可小觑。

比如网络对电视节目的冲击。根据尼尔森（Nielsen）的数据，在美国和英国，尽管在电视上观看节目的人群总体在下降，但是使用电脑、平板电脑和智能手机看传统电视节目的人群在上升。统计使用各种设备的电视观众，总体数量在上涨。

过去几年，大多数西方国家的报纸发行量大幅下降。美国皮尤研究中心（Pew Research Center）的数据显示，2015 年，美国日报的发行量遭遇了 2008 年全球经济危机以来最惨重的下滑，日报平均发行量下跌幅度达 7%，纸媒平均发行量下跌 9%。在发行量下跌的同时，收入也呈下降态势，

2015 年美国报业收入相比 2014 年总体下降 8%。纸媒的数字化转型在加速进行，虽然数字媒介收入在商业报纸总收入中的比重不断增加，但仍不能完全弥补纸质报纸收入急剧下滑带来的损失。

在严峻的挑战面前，美国报业结构将战略重点转移到数字版和移动端的发展上，以数字化为中心对采编资源进行重组。《华尔街日报》强调，要立足于高品质的纸媒来推动数字用户量的拓展；《纽约时报》则直接将自己的受众拓展聚焦于数字版的订户上，计划到 2020 年，数字版的订阅收入在现有基础上增加一倍，达到 8 亿美元。

报纸广告大幅下降是事实，但是周日报纸的厚度大幅增加、广告也大幅增加同样是事实。另外在发展中国家，尤其是非洲，报纸的发行量有所增加。

新技术对传统媒体到底会产生多大影响，目前还不好判断。但毫无疑问的是，传统媒体的运作方式会因此发生巨大变化。专业记者和公民个人都可以向大众提供新闻。有时候，某个人用手机进行的实时直播报道，无论是反应速度还是覆盖人群都强过传统媒体。但从长远来看，新媒体随时也会变成旧媒体，传统媒体通过技术创新又随时有机会成为新媒体。

此外，许多新媒体平台的盈利模式尚不清晰。除了初始投资外，大部分新媒体平台依靠的是以流量获得广告的传统媒体模式。这种"新瓶装旧酒"的运营模式是否真的是创新，媒体界也看法不一。

不过，无论新旧媒体都需要内容。新闻人应该致力于收集新闻和信息，不必过分为传播媒介担忧。

新技术确实减少了报纸或电视台雇用的员工，传统媒体的读者和观众人数似乎也在不断下降。但正如马克·吐温在他自己的讣告中写下的那句话——"我的死亡报告是夸大的"——大概率适用于传统媒体。

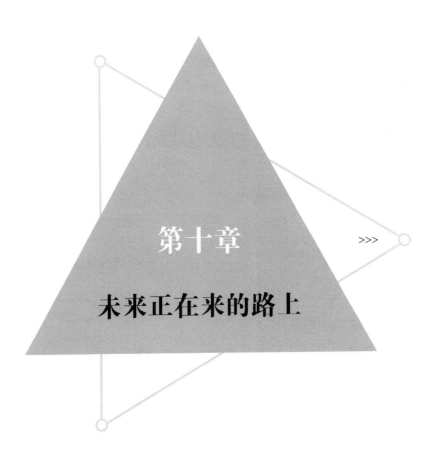

第十章

未来正在来的路上

记者会被人工智能取代吗

《纽约时报》记者亚历克斯·威廉斯（Alex Williams）有两个儿子，7岁的托比热衷于汽车和电影，他的理想是当个优步司机或者演员，4岁的安顿则想做一个橄榄球运动员或者士兵。亚历克斯在他的文章里说："我肯定不是唯一担心自己孩子未来职业的父亲——下一代未来的职业会被机器人或者人工智能取代吗？"

确实，不但现在的父母要为他们的孩子担心，很多人已经开始忧虑自己的工作了。

美国加利福尼亚州从2018年4月起，允许无人驾驶汽车在驾驶位真正无人的情况下上路，优步公司已经订购了很多无人驾驶汽车，未来职业司机很可能不复存在。至于橄榄球运动员，亚历克斯认为，机器人可能是避免运动员脑部创伤高发风险的唯一办法。而机器人士兵，早已在美国和俄罗斯大规模使用。

亚历克斯在文章中写道:"我希望能跟我的孩子保证,记者工作对新技术是免疫的,但这当然也是幻想。美联社已经在用电脑程序撰写上市公司报道和一些体育报道。"

2014年美联社与"自动洞察"创始人——也是世界上唯一的公共自然语言平台Wordsmith的创始人——合作,使用计算机技术写作上市公司财务报表稿件。此前人工写作每月只能产生几百篇,同时还需完成数千份报告。而使用新技术后,美联社的这类稿件增长了12倍。

嗡嗡喂网站在2016年美国总统大选期间,用机器人收集共和党大会上各种信源的新闻,实时综合选举结果与投票报道,记者则将更多的时间和精力放在计算机无法解决的复杂文本与报道上。

媒体采用新技术写稿早已不是新闻,不但美国使用很多,中国也已经有大批媒体使用机器人写稿。最常见的领域是财经新闻和体育新闻,因为这两个领域都需要大量使用数据,很多报道都有定式,数据加上一些分析就可以直接发稿,这恰恰是计算机程序的长项。

过去跑体育的新记者的工作任务就是去现场报比分,计算各个球员的得分情况、处罚情况,现在计算机可以做得更快更好。

对财经记者来说,长期以来,新记者的任务都是整理采访录音，撰写股市、债市、汇市等市场开盘收盘消息。这是最没有技术含量但也最适合打基础的工作，新记者可以借此快速熟悉业务、了解市场、建立人脉关系。如今，整理录音已有各种新技术代替人工，开盘收盘稿件由计算机写作更是又快捷又准确，各种涨跌幅、个股情况整理水平远远高过人的能力。

那么财经记者还有没有出路呢？会不会被机器人和能够自我学习的人工智能技术取代呢？

答案是，当然不会。

首先，无论哪个领域，记者的任务显然不是简单地整理数据，而更多是与人打交道，通过采访不同对象，最终向社会传递真实准确的信息和观点。这类工作也许机器人及人工智能技术可以帮忙，但是完全取代还不可能。

马里兰大学新闻学教授尼克·蒂亚克普洛斯（Nick Diakopoulos）曾在一篇文章中指出："国际商业机器公司的机器人沃森不可能完成调查性报道，因为这样的深度报道并不是玩拼图游戏那么简单。完成调查性报道的确是非常庞大的工程。机器的确能够比人更有效率地解读信息、处理数据和寻找逻辑，但世界本身是微妙而复杂的，依然需要人类智力来做最后的决断。尽管机器很聪明，但它缺少人类的特性，比如创造力、判断力、同情心、伦理道德等。"

对于财经记者来说，各公司发布的数据可以借助计算机技术分析整理，但数据背后的含义，仍然需要记者做更多的深入采访和调查，尤其是公司不愿意公开披露的内容；而对于各类经济政策和趋势的领悟，更需要人类思想的碰撞。

简单重复的劳动肯定会消失，但是运用人脑进行的专业分析和思想碰撞不会消失。何况机器人有人类的理想和激情吗？他们会对腐败、虚假等社会丑恶现象深恶痛绝吗？这些揭露性调查报道还是需要由人类发起。

当然，在新技术、新设备层出不穷的年代，财经记者也需要转型。

成为多面手

日复一日，在北卡罗来纳大学教堂山分校媒体与新闻学院里，行色匆匆的学生们往往都是大包小包，除了必备的笔记本电脑，很多学生还带有摄影包、摄像包、麦克风等。

媒体法课堂上，坐在第一排的苏珊每次都带着摄像包，还时不时拿出来拍一段："我是校报记者，需要用多媒体展示校园内发生的新闻，这些素材会被电视、广播、网络平台使用。"

苏珊的理想是做一名多媒体记者："我不太愿意单纯写稿子，现在互联网这么发达，大家都不看文字了，视频、音频、3D 等更有市场。"

她每天路过图书馆门前的草坪时，都会看看里面正举办什么活动，必要时直接拿出手机拍摄，然后用手机软件编辑上传，实时发布。"如果内容重要，我还会继续跟踪采访，撰写文章。学校里的新闻其实很多。"

跟传统电视节目的复杂制作流程不同，新媒体记者可以胜任采访、写作、拍摄、出镜、剪辑、推送等多个环节的工作。"很多软件工具非常有用，可以快速高质量地完成这些工作。学校也有很多这方面的课程。"

传统媒体的转型与新媒体的潮流相拥而来，培养能够掌握新媒体、新技术的人才成为新闻教育机构的重点目标。目前，北卡罗来纳大学教堂山分校媒体与新闻学院开设了数据新闻、多媒体混合报道、3D报道等新媒体课程，提供各种设备与软件供学生实践。

北卡罗来纳大学教堂山分校新闻学院的斯蒂文·金教授是一名计算机专家，他将计算机科学的概念、以人为本的设计和讲故事的技巧结合起来，创造了通过虚拟现实、增强现实、交互式数据驱动图形等新兴技术来呈现信息的新方式。

在西非埃博拉疫情暴发期间，斯蒂文·金与利比里亚信息部直接合作，创建了一个数据可视化仪表板，以便更好地了解疫情状况，及时应对。他还曾与泰国政府合作，研究如何利用媒体来减少骚乱所带来的暴力。

"他在课堂上要求我们编写计算机程序，用以分析整理信息，反正挺不容易的。"苏珊说，"不过，最后的作品呈现确实很棒，采用了各种高科技手段。我们希望能用新技术创造不同的用户界面，以新的方式呈现新闻和信息。"

我们熟识的电视财经新闻极度缺乏现场感，出镜的人一般都是专家学者，只能正襟危坐，侃侃而谈，缺乏戏剧性的冲突和画面。即使是全球市场的巨大波动，反映在媒体上也多是数字加文字，缺乏可读性和可视性。

这个问题在中美两国都一样。美国的财经节目也普遍以谈话报道为主，具有现场感的画面并不多，美国消费者新闻与商业频道、彭博社等大牌财经媒体也不例外。

要解决这一问题，必须运用多种传播手段及新技术提升报道水平。比如用计算机技术分析数据，制作有冲击力的数据表格，辅以其他经济元素的图片图像，组织起相对立体的视觉报道。

总之，在做好一名普通记者的基础上，学习和掌握音频、视频、直播、虚拟现实技术、无人机航拍、机器人等新技能，将是今天财经记者必备的能力。

根据美国劳工部的数据，美国报纸的记者数量近年来急剧下降。2005年美国有66490名报纸记者、编辑，而到了2015年，这一数字仅为41400人，降幅达到38%。

那么多报纸的记者、编辑都去哪里了呢？数据显示，在同一时期，仅仅从事数字出版业务的记者数量就从3410人增加到10580人。

美国劳工部还特别强调，在报纸记者的数据中，包括

"记者以及为报纸出版商或其他信息服务工作的编辑"。其他信息服务，也被称为"互联网出版、广播和网络搜索门户"。

这意思很明确，就是"纯粹的"纸媒记者正变得越来越少，越来越多的人开始从事依托互联网的新闻事业。这种趋势在中国也很明显，传统纸质媒体要么关门，要么转型；存活下来的纸媒中，网站和微信公众号属于基本配置。大批纸质媒体的记者都已经完成转型，成为纸媒、数字媒体、视频媒体的"多栖记者"。

"学会用手机实时拍摄、编辑、发布新闻并不难，难的是能够做到专业水平。学习新技术、新软件也不难，难的是有效提升新闻质量。"苏珊说，"就像人人都会做PPT，但是想要做出高质量、吸引人的PPT，肯定不那么容易。"

做一条肺鱼

每年夏季到来，非洲的一部分河流会缺水干涸，变为龟裂的泥地，直到秋天雨季到来，河流才重新恢复生机。在旱季里，肺鱼为了能够生存下来，就钻进河床下面的泥土中蜷缩起来，并让其藏身的洞穴充满黏液。依靠这种方法，肺鱼能够在没有食物、水和只有极少空气的条件下，安然度过整个夏季。

"我们的记者就是要成为一条肺鱼，要学会自我生存。"美国城市商业杂志社驻北卡罗来纳州的编辑招聘和发展主管贝斯·亨特说。

确实，当一名成功的财经记者并不容易，除了要掌握财经知识、采写技能，更要有坚忍不拔的性格。

2014年，美国波士顿正式宣布竞选2024年奥运会主办城市。申办者描述了波士顿的各种优势，比如现有场馆、设施都比较完备，可以不花费很多资金就成功举办。社会舆论也比较支持，2015 年初的民意调查显示，55% 的波士顿市民支持举办奥运会，认为这有利于刺激经济增长、提升城市知名度等。

但是，美国城市商业杂志社旗下《波士顿商业日报》记者克雷格·道格拉斯（Craig Douglas）却撰文提出疑问："到底要花多少钱？""钱从哪里来？"在持续的报道中，波士顿市民逐渐意识到，这场为期三周的体育盛会将在很大程度上改变他们的生活，并就此提出不少疑问。

2015 年初，道格拉斯从公开记录申请渠道，要求有关机构公布 2024 奥运会的申办材料，并得到了部分回复，申办组织提供了四章材料。但道格拉斯得知，还有"政治支持"和"预算支持"两章并未公布。他再次要求公开信息，但遭到拒绝。

于是，《波士顿商业日报》与道格拉斯直接将 2024 年奥运会申办组织告上法庭，并最终取得胜诉。2015 年 7 月 24 日，申办组织终于提供了全套文件。文件中提及存在 5 亿美元的预算短缺，以及为申办奥运会而操纵人民的意愿，比如，淡化合作伙伴对奥运会的反对意见、讨论选举人全民投票的可能性等。

根据这些材料，道格拉斯发表了文章，继而引发大批波士顿市民反对申办奥运。三天后，2015 年 7 月 27 日，申办组织宣布放弃申办 2024 年奥运会。

"道格拉斯是一位非常有冲劲的记者。他在申请公开记录的过程中持续坚持，从最初披露申办材料前四章起，长达半年时间里，不懈地提出公开全部材料的要求，并研究各种渠道，形成舆论。这就是肺鱼的精神。"贝斯说。

"我们认为重大突发报道不是简单的覆盖性报道，而是要求记者自己去发现。申办奥运会就属于这类重大新闻。"贝斯说。

对于财经记者来说，深度研究各种文件和公开资料，与市场上的"聪明人"、企业家建立良好且深入的关系，对于记者发现重大新闻很有帮助。

美国的《信息自由法》是一部关于联邦政府信息公开化的行政法规，颁布于 1967 年。其中规定了民众有要求行政机关公开政务的权利和行政机关有向民众公开政务的义务，包括联邦政府的记录和档案原则上向所有的人开放，但是有九类政务可免于公开；公民可向任何一级政府机构提出查阅、索取复印件的申请；政府机构则必须公布本部门的建制和本部门各级组织受理情报咨询、查找的程序、方法和项目，并提供信息分类索引；公民在查询的要求被拒绝后，可以向司法部门提起诉讼，并应得到法院的优先处理等。

这一法律被美国的新闻媒体广泛运用。"我虽然是北卡罗来纳大学教堂山分校毕业的，但是我每年都要起诉学校好几次，希望他们公开一些文件，尽管这么做有时候也挺尴尬的。"北卡罗来纳州首府罗利的《新闻和观察家报》执行主编约翰说。

不可或缺的国际视野

如今无论你身处何地，人们的日常生活、经济活动都日益国际化，而经济和金融是国际化中最直接和最重要的内容。

我们可以看到，美元汇率的变动会影响世界各个国家和地区的进出口贸易，作用于各国制造业，进而威胁到就业及物价；而世界贸易组织（WTO）、跨太平洋伙伴关系协定（TPP）、亚太自贸区（FTAPP）等不同国家、地区和组织的贸易联盟，在为联盟内的贸易伙伴减少贸易壁垒的同时，也增加了贸易政策的复杂性；此外，还要考虑各个国家和地区在贸易方面关税、规模、补贴等政策的作用……

金融市场的国际相关性更是极为密切，世界各地的股票市场和衍生品市场息息相关。美国的养老金计划和机构投资者，每天在交易前都会先看看亚洲和欧洲市场的走势、跨国公司在其他市场的表现，其他市场的投资者也会做同样的事情。即使尚未完全开放的中国金融市场投资者，也会对欧美及亚太其他市场的交易情况持续关注。

全球化趋势势不可当，财经记者也必须紧跟步伐，将视野放到全球。

这不仅意味着记者要关注国际金融市场的动态新闻，而且应该覆盖所有重要的国际新闻，比如美欧等重要经济体的政治动向。因为这些政治新闻的背后就是利益的博弈，直接作用于经济及各类市场。

此外，由于中国金融市场发展时间还不长，无论在管理、监管、自律、发展等方面，都与境外成熟的金融市场存在差距。这些差距都可能成为中国金融市场未来的发展点。因此，熟悉境外金融市场的模式和动向，可以帮助中国记者及时发现并完成重要的财经报道。

例如，2018 年全国两会期间，中国银监会和保监会宣布合并。成立银保监会这一方案，就是借鉴了境外成熟金融市场的监管模式而做的重新规划。

与此同时，国际化视野对于财经记者的采访活动也非常有帮助。大部分企业家、监管者、官员、学者都会密切关注国际政经要闻，也时常进行各类国际交流，财经记者要尽量让自己的专业水平与之接近，采访时才会更有效率、更受尊重。

此外，国际化视野中还应包括国际新闻界的职业规范和准则。国内很多媒体从业人员习惯于等新闻、抄新闻，更有甚者还会与采访对象发生利益纠葛乃至利益输送，比如收"红包"、荐股或泄露消息，这些都不是合格的财经记者应有之为。

当然，在具体实践过程中，国际化的经验未必全都适用于中国记者。从某种意义上说，中国财经记者工作的复杂性与艰巨性，将远远超出我在这本书中能够与大家分享讨论的课题。中国财经记者的能力和经验，确实只能在中国报道的实践磨砺中得到验证和提升。

既然这样，我们就做个既有中国经验又有国际视角的财经记者吧！

参 考 文 献

[1] ROUSH C. Show me the money[M].London: Routledge,2017.

[2] Mathewson.A quick guide to writing business stories[M].
London: Routledge,2016.

[3] SHAW I S.Business journalism[M].London: Routledge,2016.

[4] HAYES K.Business journalism:how to report on business and
economics[M].Berkeley: Apress,2014.